대리사회

대리사회

김민섭 지음

타인의 공간에서 통제되는 행동과 언어들

와이즈베리
WISEBERRY

지방대학 시간강사가 대리기사가 되었다. 대학의 '유령'이 밤거리를 달리는 '몸'으로 변신한 것이다. 그러나 주인 옆에서 주인 자리에 앉는 몸은 행위가 통제되고 말이 통제되며 사유가 통제된다. 핸들과 액셀과 브레이크를 작동하는 손과 발이 남아 있지만 그조차 내비게이션의 규율 아래 있다. 그리하여 《대리사회》는 정확히 은유한다. 우리 모두 스스로 주체라고 믿지만 실은 '거대한 타인의 운전석'에 앉아 있는 대리인간에 지나지 않는다는 점을.

하기야 몸이 거하는 모든 곳에서 주체로 설 수 있는 이는 누구인가. 모두 '갑'을 욕망하면서 '을'의 공간을 체제의 필연인 양 받아들이고 있을 뿐 아닌가. 대리기사는 타자의 주체화를 위해 요구되는 역지사지보다 한 단계 높은 덕목을 가질 수 있을 듯하다. '을'의 자리에서 사유하는 차원을 넘어 '을'의 자리에 자신의 몸을 부단히 갖다놓기 때문인데, 거기서 비롯된 성찰이 저자에게 "이 거리에 사람이 있다"고 말하게 했을 것이다. 자발적 경계인이 몸의 언어로 쓴 이 책을 부디 많은 독자가 만나 사람의 온기를 느낄 수 있기 바란다.

- 홍세화_《나는 빠리의 택시운전사》 저자

앞으로 1년 동안 주변의 독서가 모두에게 이 책의 제목과 작가의 이름을 말하고 다닐 작정이다.

일단 흥미진진하다. 대리기사들의 '따뜻하고도 무서운 생태계'를 간접 체험하는 것만으로도 본전은 충분히 뽑는다. 거리에서, 심야 택시에서, 다른 이의 운전석에서 관찰한 인간 군상의 모습이 모두 어둡고 씁쓸하기만 한 것은 아니니, 가벼운 마음으로 집어 들어도 좋다. 굉장히 동물적으로 웃기는 대목도 여러 곳이다(어느 한 부분에서 나는 참지 못하고 크게 웃음을 터뜨렸다). 코끝도 자주 찡해진다.

교묘하다면 참으로 교묘한 책이다. 노동, 통제, 소외, 빈곤, 시스템에 관한 쉽지 않은 사유를 그런 재미 사이에 절묘하게 끼워 넣는다. 두 번째로 읽을 때 더 좋은, 드문 책인 것이다. 독자를 반성하게 하면서도 분노와 증오의 감정은 일절 찾아볼 수 없는 선량한 문장을 존경한다.

김민섭 작가는 딱 한 번 경솔하게 자신의 야심을 드러내는데, '전작 《나는 지방대 시간강사다》가 문이었고, 《대리사회》는 시작'이라는 고백이 그것이다. 그의 르포 문학이 앞으로 찾아갈 현장들이 어디일지, 두근거리며 기대한다.

— 장강명_《한국이 싫어서》,《우리의 소원은 전쟁》 저자

그간 나의 '대리인간'이 되어주었던 이들에게 감사하고 사죄하며,

나의 어머니와 아버지, 아내/성애와 아들/대흔에게,

그리고 곧 태어날 미래에게 이 책을 보낸다.

프롤로그 대리인간으로 살아왔음을 고백하며

이 사회는 거대한 타인의 운전석이다. 은밀하게 자리를 잡고 앉은 '대리사회의 괴물'은 그 누구도 온전한 자기 자신으로서 행동하고, 발화하고, 사유하지 못하게 한다. 모두를 자신의 욕망을 대리 수행하는 '대리인간'으로 만들어낸다. 그러면서 동시에 그들에게 주체라는 환상을 덧입힌다. 자신의 차에서 자신의 의지에 따라 운전하고 있다고 믿게 만드는 것이다.

작년 겨울, '나는 오늘 대학을 그만둡니다'라는 글을 쓰고는 나의 청춘이 고스란히 담긴 대학이라는 공간에서 스스로 걸어 나왔다. 대학을 세상의 전부라 믿었고, 거기에서 나오면 세상이 무너질 것이라고 생각했다. 하지만 아무 일도 일어나지 않았다. 오히려 대학에서의 10년보다, 거리에서의 1년이 더욱 가치 있었다. 강의실과 연구실은 대학의 전유물이 아니었고, 대학은 이 사회의 일부일 뿐이었다. 무엇보다도 우리 사회의 욕망을 최전선에서 대리하며 그 구성원들을 끊임없이 대리인간으로 만들어내는 '대리공간'에 불과하다는 것을 알았다.

나는 그동안 내가 대리인간으로 살아왔음을 고백한다. 이 글은 "내가/우리가 이 사회에서 주체성을 가진 온전한 나로서 존재하고 있음을 증명할 수 있는가" 하는 질문에 답하기 위한 것이다. 대리운전이라는 노동은, 그래서 시작했다. 그동안 내가 지나온 '대리의 시간'을 몸의 언어로 확인해 보고 싶었다. 그렇게 타인의 공간에 침투해 수백 차례나 운전대를 붙잡았다. 그리고 비로소 내가 대리사회의 일원으로 살아왔음을 확인했다.

이 글은 타인의 운전석이라는 가장 좁은 공간에서 바라본 우리 사회의 모습 그대로다. 사실 굳이 그 안과 바깥을 구분하고 싶지 않다. 마치 서로를 축소하거나 확대해 놓은 것처럼 닮아 있는 공간이다. 타인의 운전석에서 나는 세 가지의 '통제'를 경험했다.

우선 운전에 필요하지 않은 모든 '행위'의 통제다. 액셀과 브레이크를 밟고 깜빡이를 켜는, 그런 간단한 조작 외에는 그 무엇도 마음대로 할 수가 없다. 사이드미러나 백미러가 눈에 잘 들어오지 않아도 그럭저럭 운행할 수 있으면 그대로 두고, 의자의 기울기에도 몸을 적응시켜 나간다. 차의 주인이 자기 몸에 맞춰 조절해 놓은 것들을 건드리고 싶지 않아서다. 에어컨이나 히터를 작동시키거나 음악의 볼륨을 조절하는 일 역시 하지 않는다.

다음으로 '말'의 통제다. 손님에게 먼저 말을 건네는 대리기사는 거의 없다. 차의 주인이 화제를 정하고 말을 건네면 반가이 화답하지만, 그가 침묵하면 나도 묵묵히 운전만 한다. 서로 대화를 시작하더라도 제한적으로 "네, 맞습니다"라는 대답만 주로 하게 된다. 그의 의견이 나와 다르더라도 웬만해서는 그저 웃으며 동의한다. 특히 종교나 정치와 관련된 민감한 주제에 대해서는 더욱 그렇다. 차 주인의 심기를 건드리고 싶지 않아서다.

마지막으로 '사유'의 통제다. 주체적으로 행위하고 말할 수 없다는 것은, 사유하지 않게 된다는 의미와도 같다. 처음에는 하고 싶은 말이 맴돌아 답답했지만, 나중에는 그런 대로 편해졌다. 아무 생각 없이 그저 운전만 하면 되었고, 손님이 뭐라고 하든 "네, 맞습니다" 하고 영혼 없이 대답하면 그만이었다. 그러니까 스스로 판단하지 않고 타인에게 질문하지 않게 되는 것이다.

타인의 운전석은 이처럼 한 개인의 주체성을 완벽하게 검열하고 통제한다. 신체뿐 아니라 언어와 사유까지도 빼앗는다. 그런데 운행을 마치고 운전석에서 내려와도 나의 신체는 온전히 돌아오지 않았고, 여전히 '대리'라는 단어에 묶여 있었다. 돌이켜보면 나는 그 어느 공간에서도 그다지 주체적인 인간으로 존재하지 못했다. 대학에서도 그랬다. "나는 대학에서 무엇으로 존재하고 있는가?" 하는 질문을 하는 데만 8년의 시간이 걸렸다. 인문학을 공부/연구했다는 한 인간으로서 몹시 부끄러운 일이다. 그러나 대리사회의 괴물은 내가 한 걸음 물러서서 판단하고, 질문하고, 그렇게 사유할 여유를 허락하지 않았다.

나는 이제 대학의 바깥에서, 이 사회를 대리사회로 규정한다. 우리는 더 이상 온전한 나로서 현상을 바라보고 사유하지 않는다. 스스로 판단하고 질문하는 법을 점차 잊어가고 있다. 대리사회의 괴물은 그러한 통제에 익숙해진 대리인간을 원한다. 그러나 우리는 거기에서 벗어나야 한다. 자신의 틀을 만들고, 스스로 사유해야 한다. 끊임없이 불편해하고, 의심하고, 질문해야 한다. 그러지 않으면 강요된 타인의 욕망을 자신의 욕망이라 믿으며 타인의 삶을 살아갈 수밖에 없다.

하지만 타인을 주체로서 일으켜세우는 이들을 종종 만났다. 그들은 "선생님의 차라고 생각하고 운전해 주십시오"라거나 "더우실 텐데 에어컨을 좀 틀어드릴까요?", "저는 이렇게 생각하는데 기사님은 어떻게 생각하세요?" 하고 자신과 타인을 함께 주체의 언어로서 상상하곤 했다. 그럴 때면 나는 그 배려에 감격했다. 거리에서 마주치는 대리기사들 역시 내가 도움을 요청하면 민망할 만큼 관심을 보여주었다. 자신의 노하우를 알려주려고 애썼고 오지에서 탈출할 때면 주변의 그 누구를 빼놓지 않았다. "저기도 대리기사님 계시네. 같이 안 가요?" 하고 굳이 나를 발견하고는 다가왔다. 그들은 동류였고, 나아가 언제든 동료가 될 수 있는 이들이었다. 내가 용기 내어 한 걸음 다가가면 그들은 나에게 두 걸음 더 다가왔다.

나는 이제 대학의 연구자가 아니라 거리의 언어를 기록하는 작가다. 그 어느 때보다도 행복하고 즐거운 나날들이다. 그동안 써왔던 논문보다 더욱 가치 있는 작업을 하고 있다고 믿는다. 이 글로 모두에게 손을 내민다. 내가 발견한 작은 틈으로 당신을 초대한다. 그 균열의 너머에는 지금껏 우리를 통제해 온 대리사회의 괴물이 있다. 그것은 이 사회가 만들어낸 견고한 시스템과 마주하는 일이다. 외면하고 침묵하는 것으로는 그 무엇도 나아지지 않는다. 온전한 나로서 사유하고, 또 주변의 또 다른 나를 주체로서 일으켜세워야 한다. 그렇게 함께 즐겁게 싸워나가고 싶다.

차
례

1부
통제되는 감각들

2부
대리인간이 되는 가족들

3부

주체가 될 수 없는 대리노동들

1부

통제되는 **감각들**

1
맥도날드 알바에서 **다시 대리운전 기사로**

세상으로 나오다

언젠가 인터뷰 중 모 일간지의 기자가 나에게, "'지방시(나는 지방대 시간강사다)'가 왜 화제가 되었는지 아시죠?" 하고 물었다. 잠시 고민하다가 잘 모르겠다고 답하자 그는 "'맥도날드' 때문이잖아요" 하고는 웃었다. 롯데리아나 버거킹에서 일했으면 이처럼 관심받지 못했을 것이라고 덧붙여서 나도 함께 웃었다.

돌이켜보면 생계의 한 방편으로 맥도날드 노동을 선택한 것은 탁월했다. 많은 사람들이 대학과 맥도날드라는 두 단어를 기억했다. 그것은 분명 자극적인 방식의 소비이기는 했으나 대학이라는 공간의 위선을 폭로하는 데 효과적이었다. "지식을 만드는 공간이 햄버거를 만드는 공간보다 사람을 더 위하지 못하는 것은 슬픈 일이다"라는 문장은 맥도날드에서 1년 3개월 동안 일을 하고서 스스로 내린 결론이었다. 덕분에 글도 더 주목을 받았기에 맥도날드부터 모두 치밀하게 설계된 것 아니냐는 짓궂은 농담을 종종 들었다.

아들이 태어나던 2년 전 여름 어느 날, 나는 잠든 아내와 아들의 얼굴을 가만히 쳐다보고는 산부인과에서 나왔다. 도망쳤다고 하는 게 가장 어울리는 표현일 것이다. 그때까지도 나는 혼인신고를 하지 못했다. 건강보험료를 내기가 두려웠기 때문이다. 퇴직한 아버지는 여전히 나의 건강보험 '부양자'였고, 아내는 취업한 남동생에게 신세를 지고 있었다. 나중에 안 사실이지만 내 주변의 많은 시간강사들 역시 같은 이유로 혼인신고를 하지 못했다. 대학은 시간강사에게 직장 건강보험을 제공하지 않는다. 그래도 아이의 출생신고마저 미룰 수는 없었다. 그래서 나는 건강보험만 보장된다면, 그리고 한 달에 50만 원을 더 벌 수 있다면 무엇이든 하기로 마음먹었다. 분유와 기저귀 값이 얼마나 들지는 모르겠지만 지금까지 아내에게 주었던 월 80만 원의 생활비로는 감당할 수 없을 것이 분명했다. 무작정 번화가를 향해 걸어 나가는 동안 가라앉아 있던 아침의 공기가 나를 무겁게 감싸왔다. 처음 마주하는 무거운 공기였다. 그렇게 어깨가 짓눌려서는 가장 외로운 아침을 천천히 걸었다.

한참을 걷다가 어딘가에서 발걸음이 멎었다. 거기에는 구인 공고

포스터가 붙어 있었다. 4대보험을 보장한다는 문구가 선명했다. 물류 하차 알바이고 새벽에 시작해 오전 중에 일이 끝난다는 내용도 적혀 있었다. 나는 무엇엔가 홀린 것처럼 문을 열고 매장 안으로 들어갔다. 구인 공고를 보고 들어왔다고 하자 곧 매니저가 나를 보러 나왔다. 그는 일이 꽤 힘들어 3개월을 버티는 사람들이 거의 없다며 3개월 이상 일할 수 있는지를 먼저 물었다. 나는 그렇게 하겠노라고 답했다. 그곳이, 맥도날드였다. 다음 날 제출한 이력서를 보고 매니저는 "우리 매장이 생긴 이래 최고 학력자인데 일을 잘하실 수 있을지 걱정이네요" 하고 말했다. 박사 수료니 연구원이니 하는 내용을 전부 뺀 것이 다행이었다.

일은 꽤 고되었다. 냉동, 냉장, 건자재 박스 150여 개를 일주일에 세 번 내리고 올렸다. 물류 하차를 마치고 바로 강의에 들어가야 하는 날도 많았다. 가끔은 강단에서 다리에 힘이 빠질 만큼 힘이 들기도 했다. 하지만 학생들을 바라볼 때마다 나는 이 육체노동을 계속해야겠다고 여러 번 마음먹었다. 이전보다 더 그들을 한 인간으로 존대할 수 있었기 때문이다. 모두가 존중할 만한 각자의 삶을 영위하고 있을 것이라는 전에 없던 자각, 노동은 그러한 성찰을 가능케 했다.

책상에서 글로 배웠던 '노동의 가치나 신성함' 같은 것들이 비로소 삶의 곁으로 다가왔다. 그렇게 몸으로 배운 가치들은 삶의 태도를 보다 근본적으로 바꿔놓았다. 무엇보다 타인의 입장에서 사유할 수 있는 연습을 반강제로 시켰다. 그것은 그동안 겪어보지 못한 환희와 기뿐이었다. 그래서 '지방시'의 어느 장에 "어떠한 삶을 살아가게 되든 육체노동을 반드시 하겠다"고 썼다. 거기에도 덧붙였지만 나는 나약한 인간이기에 그렇게 하지 않으면 어렵게 배운 삶의 태도를 잃어버릴 것 같아 두렵기 때문이었다.

우리가 아는 어떤 정치인들은 젊은 날에 노동의 현장으로 갔다. 그들뿐 아니라 1970년대, 그 시기의 많은 대학생들이 그렇게 했다. 그들이 공장으로 간 까닭은 잘 알려져 있듯 노동운동을 하기 위해서였다. 말하자면 '위장취업'이었다. 나는 그들이 그 과정에서 나보다 더 많은 성찰을 이루어냈을 것이고, 그것이 그들을 더욱 강하게 만들었을 것으로 믿는다. 우연이든 필연이든 어떠한 목적성 때문이든, 건강한 노동에는 그러한 힘이 있다.

맥도날드에서 일하게 된 것이 우연인지 필연인지, 나는 아직 잘 모르겠다. 하지만 내가 대학과 이별하게 하는 직접적인 계기가 된 것은 분명하다. 노동하는 동안 맥도날드는 나를 노동자로 대우해 주었다. 특히 건강보험 직장 가입자임을 증명하는 우편물이 눈물겨웠다. 월급에서 꼬박 빠져나가는 1만 4천 원으로, 나는 처음 가족을 '피부양자'로 둘 수 있었다. 그 밖에도 아이의 돌잔치에 맥도날드의 명의로 축의금이 입금된다거나, 명절이면 본사에서 나온 선물이 사물함에 들어 있다거나, 했다. 그럴 때면 나는 당황스러웠다. 언젠가 점장에게 "저한테 왜 이렇게 잘해 주나요?"라고 묻자 그는, "저희는 법을 지키는 것뿐

이에요"라고 간단히 답했다. 우문에, 현답이었다. 월 60시간 노동하는
것으로 나는 법에 명시된 노동자의 권리를 모두 보장받았다. 노동하
는 한 인간에게 허락되어야 할 그 당연한 감각을 대학에서는 한 번도
느껴보지 못했다.

그렇게 맥도날드라는 노동의 현장으로 스스로를 내몰고서야, 아니
밀려나고서야 나는 비로소 한 발 물러서서 대학이라는 공간을 바라보
기 시작했다. '지방시'라는 글은 그렇게 세상으로 나왔다. 그리고 '나
는 오늘 대학을 그만둡니다'라는 짤막한 글 한 편을 페이스북에 올리
면서, 나 역시 세상으로 나왔다. 8년 동안 노동한 공간, 대학과의 이별
은 그만큼 간단했다. 제출해야 할 서류가 있는 것도 아니고 별다른 절
차가 필요하지도 않았다. 받아야 할 퇴직금 역시 없었다. 1년 3개월을
계속한 맥도날드 물류 하차 일 역시 그만두었는데, 점장을 만나 정해
진 사유서를 썼고 정확히 일주일 뒤에 50만 원가량의 퇴직금이 입금
되었다.

'유령의 시간'을 '대리의 시간'으로 다시 규정하다

10년 가까이 연구실에 앉아서 논문만 읽고 썼다. 내가 무엇을 할 수
있을까, 무엇을 하고 싶은가를 고민했다. 답을 내기까지 오래 걸리지
않았다. '글'이 쓰고 싶었다. 논문을 쓰면서 접어둔 글들이 아주 많았
다. 그래서 1년 동안은 글'만' 쓰며 지내보고자 했다. 다행히 아내는

흔쾌히 고개를 끄덕였다. 맥도날드 노동 역시 그만두고 나는 방으로 들어갔다. 허락된 지면에 이런저런 글을 쓰며 몇 개월을 보냈다.

그런데 더 많은 시간을 책상 앞에서 보내면서도 오히려 이전보다 더 글을 쓰는 일이 힘들었다. 어느 순간부터 세상은 다시 대학보다 더 작게 줄어들어 있었다. 대학 연구실 바깥으로 간신히 나오고서도 나는 또다시 내가 앉은 책상과 거기 진열된 책만으로 세상을 바라보려 했다. 그러면 내가 앉은 공간과 책의 두께만이 세상의 전부가 되는 것이다. 책을 덮고 일어나야 비로소 보이는 풍경이 있다. 그래서 나는 그 어느 날 아침처럼 밖으로 나왔고, 다시 걷기 시작했다. 이 세상에서 나는 무엇으로 규정될 수 있을지, 그리고 그 답을 얻으려면 어디로 가야 할지를 스스로에게 물었다.

주변의 많은 선후배들은 앞이 보이지 않을 때마다 한숨과 함께 종종 "할 거 없으면 그거나 해야지" 하는 자조 어린 말을 내뱉었다. '그거나'를 대신할 단어들이 몇 있지만 대리운전은 자주 그 자리를 도맡는다. 그런데 그 대리라는 단어가 이상하게 가슴을 파고들었다. 그것은 그동안 내 주변의 절박한 심정을 대변하는 하나의 개념어와도 같았다. 무엇보다도 화자가 주체성을 포기하는 데까지 나아간다는 의미이기도 하다.

나는 대학에서 조교와 시간강사로 존재했던 8년을 '유령의 시간'으로 규정지었다. 그러나 그것은 '대리의 시간'이었다. 온전한 나로 존재하지 못하고 타인의 욕망을 위해 보낸 시간이었다. 실존에 대한 고민은 책상에서 일어섰을 때 비로소 이루어지는 것임을, 대학을 그만두고 몇 달의 시간을 허비하고서야 다시 배웠다. 이제는 그 바깥에서 "나는/우리는, 지금, 여기에서, 무엇으로 존재하는가?"라는 질문과 마주한다. 나는 대리운전이라는 시대의 노동을 통해 그에 대한 답을 찾을 수 있을 것으로 믿는다. 특히 나뿐만 아니라 노동하는 '모두'가 품고 있을 여러 고민에 대한 작은 답을 찾을 수 있기를 기대한다.

이제 시선을 대학이라는 한정된 공간에서 세상으로 옮긴다. 타인의 운전석이라는 좁은 공간에서 모두의 세상을 응시하고자 한다.

며칠 전 오래 사용해 온 연구실 책상을 모두 비웠습니다. 뒤늦게 소식을 들은 동생이 뭐 하는 거야, 학위가 아깝잖아, 그런 감정적인 행동은 그만 둬, 하고 다급하게 연락해 왔지만, 저는 이제 교수 자리를 거저 준대도 싫어, 나는 지금 무척 행복하다, 하고는 계속해서 책을 박스에 담았습니다. 모든 짐을 밖으로 옮기고는, 연구실 의자에 앉아 텅 빈 책상과 마주했습니다. 눈물이 쏟아질 것이라 생각했는데, 의외로 감정이 차분하게 가라앉았습니다. 그렇게 잠시 눈을 감았다가 "안녕히 나의 모든 것" 하고는, 일어났습니다.

그동안 대학은 저에게 세상의 전부였습니다. 진리, 지성, 학문, 이러한 단어의 총체였고, 강의실과 연구실은 그 자체로 가장 신성하고 숭고한 공간이었습니다. 그리고 저 자신이 그 조직의 일원임을 의심하지 않았습니다. 강의하고 연구할 수 있음에 그저 감사했습니다.

그런데 어느 날 문득, '나는 대학에서 노동자로 존재하고 있는가' 하는 의문이 들었습니다. 석사 과정에 입학해 박사 과정 수료 후 시간강사가 되기까지, 대학의 상상 가능한 여러 공간에서 노동해 왔습니다. 하지만 노동자로도, 학생으로도, 나아가 사회인으로도, 저의 과거와 현재를 쉽게 규정할 수 없었습니다. 그날 저는 《나는 지방대 시간강사다》(이하 '지방시')라는 글을 쓰기 시작했습니다. 그간의 삶을 뒤돌아보고, 한 발 더 나아갈 힘을 얻기 위함이었습니다.

'지방시'를 쓰며 스스로의 삶을 쉽게 규정할 수 없음에 저는 낙담하고, 깊이 절망했습니다. 대학의 맨얼굴과 마주하며 그간 상식과 합리라고 생각했던 것들이 무참히 깨어져 나갔습니다. 대학이 구축한 시스템은 그 자체로 하나의 '괴물'이었습니다. 학부생, 대학원생, 시간강사로 이어지는 노동력 착취의 구조는 공고하며, 그 어떤 기업보다도 신자유주의적입니다. 사무실, 연구소, 기숙사, 대학의 어느 부처에 가든 재학생 근로 조교들이 있습니다. 4대보험조차 보장받지 못하는 연봉 천만 원 남짓한 시간강사들이 강의의 절반을 책임집니다. 얼마 전 함께 밥을 먹던 20대 교직원의 "이 학교에는 20대와 30대 중 아무도 정규직이 없어요. 저도 이직을 준비하고 있습니다"라는 말이, 그대로 대학의 현주소를 보여줍니다. 그뿐 아니라 학생들의 밥을 퍼주는 이도, 강의동의 환경미화와 경비를 책임지는 이도, 모두 비정규직 노동자입니다. 이처럼 여러 비정규직 노동자들의 값싼 노동으로 대학 행정과 강의의 최전선이 지탱되고 있습니다.

오히려 대학보다는 거리의 패스트푸드점이 저를 '노동자'로, 그리고 '사회인'으로 대해 줍니다. 저는 지금 맥도날드에서 일하고 있습니다.

결혼하며 아내에게 처음 1년은 한 달에 80만 원을 생활비로 가져다줄 것이고, 그다음 1년은 100만 원을, 그다음은 기약할 수 없지만 어떻게든 조금은 더 가져다주겠다, 하고 약속했습니다. 그리고 작년 8월에, 아들이 태어났습니다. 아내와 갓 태어난 아들을 병원에 두고는, 무작정 거리로 나왔습니다. 기쁘기보다는 그저 막막했습니다. 정처 없이 걷다가, 문득 맥도날드의 구인 광고를 보았고, '무엇이라도 해야겠다'는 생각에 이력서를 냈습니다. 무엇보다도 건강보험을 보장한다는 문구가 저를 무엇엔가 홀린 듯 잡아끌었습니다. 다음 날 1시간 동안 물류 하차 실습을 하고 저는 정식으로 맥도날드 노동자가 되었습니다. 퇴근하는 길에 매니저가 커피를 한 잔 주었고, 그것을 가져다주니 아내는 생전 먹지도 않는 걸 웬일로 샀네, 혼잣말하고는 이내 달게 마셨습니다. 그때부터 지금까지, 일을 마치고 아내에게 커피를 한 잔 가져다주는 것이 삶의 작은 습관이 되었습니다.

지금은 많이 무뎌졌지만, 물류 하차를 마치고 나면 온몸이 아픕니다. 그래도 억울해서라도 연구실로, 강의실로, 출근합니다. 바로 강의가 있는 날은 꾹 참고 강의실에 섭니다. 학생들에게 힘든 티를 내서는 안 됩니다. 고난함은 온전히 제가 감당해야 할 몫입니다. 힘들수록 심호흡을 한 번 크게 하고, 웃으면서 강의실의 문을 엽니다. 몸이 아파 일을 쉬고 싶은 날도 있지만, 월 60시간 이상 일해야 제 가족의 건강보험이 보장됩니다. 잠든 아들의 얼굴을 한 번 보고는, 주섬주섬 새벽녘에 옷을 갈아입고 출근합니다.

"대학은 역행해야 합니다."

대학은 이 사회의 가속화를 더디게 하거나, 역행하게 하는 역할을 맡아야 합니다. 그것은 대학이 가져야 할 당연한 시대적 소명입니다. 하지만 정 그렇게 할 수 없다면, 기업을 흉내 내며 자본의 논리에 영합하기 이전에, 모든 구성원들을 노동자로서 대우해야 합니다. 햄버거를 만드는 공간에도 모든 노동자를 위한 매뉴얼이 있는데, 대학에는 그러한 것이 없습니다. 특히 가장 하부 구조에 놓인 이들에게 오히려 더욱 가혹합니다. 연구할수록 가난해지고, 강의할수록 힘겨워지는데, 대학은 '학문의 길은 원래 그런 것'이라는 환상과 검열을 강요합니다. 사실 인문학을 공부한다는 것은 어느 정도 그러한 각오를 하는 것입니다만, 그것은 연구자들의 자존감에 맡겨두어야 합니다. 노동에 따른 보수를 지급할 사용자 측에서 가져야 할 자세가 아닙니다. 특히 스스로 자본의 괴물이 되어버린 대학에게는 학문의 신성함을 무기 삼을 자격이 없습니다.

지난달에 《나는 지방대 시간강사다》가 단행본으로 출간되었습니다. 그리고 얼마 지나지 않아 선배들의 호출을 받았습니다. 너의 집 앞이니 근처에서 술 한잔하자는 어느 선배의 목소리가 무척 어두웠습니다. 저는 담담한 마음으로 자리에 나갔고, 곧 4명의 선배와 마주했습니다. 누군가 "지방시 네가 쓴 것 맞지?" 하고 물었습니다. 저는 "네, 제가 쓴 것이 맞습니다" 하고 답했습니다. 그리고 여러 대화가 이어졌는데, 기억나는 것은 왜 이 공간을 비리의 온상처럼 묘사했느냐, 감사를 받으면 어쩔 것이냐, 너 때문에 이곳의 연구 성과가 부정당할 수 있다는 생각은 하지 않았느냐, 너의 지도 교수는 참 박복한 사람이다 등등. 저는 "선배들께서 글에 공감하고 저를 응원하고 있다고 생각했는데……" 하고 말했는데, 돌아온 대답은 그저 '원망'이었습니다. 누군가는 우리 선생님들께서 그러셨을 리가 없다, 너의 글은 거짓이다, 정말 연구소 책을 나르다가 다치기는 했느냐, 하는 말을 해서 몇 년 전 책을 나르다가 생긴 흉터를 직접 내보이기까지 했습니다.

책의 출간 이후, 대학이나, 혹은 보직 교수들로부터 어떤 '외압'을 받을 수 있겠다고 생각했고, 그것은 아무래도 괜찮다고 생각했습니다. 그런 것과는 어떻게든 싸울 자신이 있었습니다. 그런데 연구실 동료들의 "(대학의) 입장에서 생각해 보았느냐" 하는 원망에는, 저를 지탱해 온 어떤 근거가 무너졌습니다. 물론 그들로서는 '지방시'를 내부 고발로 여길 수도 있을 테고, 누군가는 저의 삶을 거짓으로 재단할 수도 있을 테지만, 저는 어떤 작은 기적을 바랐습니다. 그들이 "많이 힘들었지, 우리도 많이 힘들었어, 고생 많았다"라는 말을 먼저 해주었다면, 그러한 공감이 선행되었다면, 저는 그들과 함께 다시 한 발 나아갈 수 있었을 것입니다. 하지만 그런 기적은 일어나지 않았습니다.

가까운 선배가 술 한잔 더 하고 가라며 저를 잡아서, 이런저런 이야기를 더 나누었는데, 술잔을 앞에 두고 날것의 표현들이 오갔습니다. 그는 네가 나가기를 그 누구도 바라지 않으니 계속 같이 공부하자고 했고, 그 말에는 지금도 깊이 감사하고 있습니다. 하지만 그는 너의 잘못을 교수님들께 빌고 오는 것이 먼저라고 했습니다. 이것이 그의 생각인지, 선배들 모두의 생각인지, 아니면 교수들까지 포함한 모든 구성원의 생각인지는, 모르겠습니다. 저는 선배에게 "형님, 저는 요즘 많이 힘들어요. 그런데 제 아들의 얼굴을 볼 때, 아버지로서 부끄럽지 않게 바라볼 수 있어요. 저는 계속 제 아들을 그렇게 바라보고 싶어요. 죄송합니다"라고 말했고, 둘의 짧은 술자리는 그것으로 끝났습니다.

제가 몸담았던 대학원은 그다지 특별한 공간이 아닙니다. 다만 대학이 구축한 시스템에 순응해 온, 전형적인 공간일 뿐입니다. 강의와 연구로 자신의 삶을 증명하고자 애쓰는 평범한 연구자들이 있습니다. 만일 '인분 교수'와 같은 상식 이하의 문법이 통용되는 곳이었다면, 저는 글을 쓰는 대신 다른 극단적인 방법을 택했을 것입니다. 정도의 차이는 있겠으나 '지방시'에서 담아낸 이야기는, 그대로 대한민국의 모든 대학과 대학원에 적용될 것이라고, 저는 믿습니다.

"저는 오늘, 대학을 그만둡니다."

아카데미의 삶을 정리하는 것이 단순히 동료 연구자들에 대한 실망 때문이라면, 저 스스로가 먼저 납득할 수 없습니다. 하지만 저는 이제야 비로소, 대학 바깥에 더욱 큰 대학이 있음을 알았습니다. 대학은 세상의 전부가 아니라 그저 일부일 뿐입니다. 이것은 당연한 명제이지만, 저에게는 그간 저를 포위해 온 어떤 세계를 깨뜨리는 일이었습니다. 강의실과 연구실이 대학의 전유물이 아닌 것 역시, 뒤늦게 알았습니다. 인문학은 내 주변의 가장 가까운 곳에 있습니다. 모든 이들은 존중할 만한 자신의 삶을 영위하고 있고, 누구라도 내 인생의 지도교수가 될 수 있다는 자각, 이러한 삶의 태도를 얻었기에 저는 지금 무척 행복합니다.

"저는 계속 글을 쓰기로 했습니다."

제가 남들보다 조금 잘하는 것이 무엇이 있을까 고민해 보았는데, 역시 글쓰기 말고는 그 무엇도 떠오르지 않았습니다. 가족과 상의해 1년 남짓의 시간을 얻었습니다. 글로 가족의 생계를 책임질 수 있다고 판단되면 계속 쓸 것이고, 그렇지 않다면 그 무엇이든 하려 합니다.
그동안 강의실과 연구실에서 무척 행복했습니다. 새롭게 맞이할 거리의 강의실과 연구실에서 계속 '지방시'의 이야기를 써나가겠습니다.

주
대학을 그만두고 며칠 후 페이스북 페이지 '나는지방대시간강사다'에 쓴 글이다. 그저 나의 감정을 정리하기 위한 것이었는데, 지금까지 쓴 글 중 가장 많은 관심을 받았다. 1만 4천 개가 넘는 '좋아요'와, 4천 번에 가까운 '공유'를 받았다. 언론에서도 인터뷰 요청이 많이 왔다. 부끄럽고 민망했으나, 그것은 대학 이후의 삶을 살아가는 데 많은 응원이 되었다.

2
대리인간, 대리국민이 되다

네, 맞습니다, 대단하십니다

대리운전을 할 때면 자연스럽게 나는 운전석에, 차의 주인은 조수석에 자리를 잡는다. 그러면서 서로가 복잡한 표정을 짓는다. 주인의 자리를 꿰차고 앉은 기사도 불편하고, 손님의 자리에 앉은 주인도 불편하다. 게다가 초면인 두 사람이 밀폐된 공간에서 만나는 것이니 그 어색함과 민망함이야 어디에 비할 바가 아니다. 그러한 관계의 역전은 서로를 환대할 수 없게 만든다. 차의 주인이 먼저 화제를 꺼내거나 대화를 주도하지 않으면 차 안은 침묵에 휩싸인다. 간혹 마음이 맞아서 오래된 친구처럼 이야기를 나누기도 하지만, 그런 일은 드물다.

손님은(차의 주인은) 언제나 나보다는 더 자신감 있는 몸짓과 표정으로 말한다. 대화의 주체로서 함께
참여하기란 어려운 일이다. 나는 대개 운전에 집중하면서 "네, 맞습니다" 하고 웃으며 답한다. 그렇
게 신체와 언어가 구속되고, 자연스럽게 사유가 통제된다. 하지만 나를 주체로서 일으켜세우는 이들
이 있다. 그러면 나도 공간의 주체로서 나의 이야기를 시작한다.

30분 이상 긴 시간 운전하다 보면 그래도 한두 마디의 짧은 대화가 오고 간다. 그런데 나를 곤란하게 하는 손님들이 있다. 종교와 정치를 화제로 꺼내는 이들이다. 나에게 특정 종교를 믿지 않으면 구원받을 수 없다며 달리는 차 안에서 즉석 전도를 시도하기도 하고, 아니면 시사에 대해 나름의 논평을 하다가 어느 정치인을 지지하는지 묻기도 한다.

  일상의 대화에서라면 나는 다음과 같이 화답할 것이다. 나의 종교를 당신에게 강요하고 싶지 않으니 당신도 그러지 않으면 좋겠다, 혹은 그 시사 문제에 대해서는 이러저러하게 바라보고 어느 정치인을 지지한다, 하고 명확하게 나의 '의견'을 전달할 것이다. 하지만 대리운전 기사인 나는 한없이 작은 인간이 된다. 뭐라고 답해야 상대방의 기분이 상하지 않을까, 하고 우선 눈치를 살핀다. 괜히 손님의 심기를 건드리고 싶지 않은 것이다.

  타인의 운전석, 말하자면 우리 사회 어디에나 있을 '을의 공간'은 대화의 주체가 되어야 할 존재를 위축시킨다. 그래서 결국 어느 대화에 주체로서 참여할 수 없게 만든다. 이것은 그가 정의로운가 그렇지 않은가, 하는 간단한 문제와는 다르다.

  나는 말하기보다는 주로 듣고 대답한다. 손님이 말하는 동안 "네" 하고 계속 답하는데, 그것은 내가 그를 경청하고 있으며 또한 긍정하고 있다는 신호다. "맞습니다" 하는 맞장구도 자주 보탠다. 상대방의 의견에 전적으로 동의한다는 표시이고, 그가 나를 바라보고 있다면 고개를 끄덕이는 것도 잊지 않는다. 거기에 더해 손님이 자기 자랑을 하고 있다면 "대단하십니다" 하는 경의도 보낸다. 딱히 그것을 대체할 더 좋은 표현이 없다. 그래서 "네, 맞습니다, 대단하십니다" 하는 3단 화법이 입에 붙는다.

사실 '을의 공간'에 자리한 대화의 피주체에게 가장 먼저 통제되는 것은 말과 행동이 아니다. 그 이전에 '주체로서 사유할 자유'를 잃는다. 일상의 대화에서는 상대방의 목소리를 듣고, 사유하고 판단하는 과정을 거쳐, 말하게 된다. 자신의 의견을 전달하고 그것으로 상대방을 설득하고자 한다. 하지만 주체와 주체가 아닌, 주체와 피주체의 대화는 일방적이다. 여기에는 듣고 말하는 행위만 남고 중간의 과정은 모두 생략된다.

대리기사가 되는 강의실의 학생들

대학에서 강의를 할 때는 토론 수업을 많이 진행했다. 주제를 정해 두고 학생들에게 자신의 의견을 말하게 했다. 그런데 학생들이 열성적으로 토론에 참여하는 때가 있고 그렇지 않은 때가 있었다. 학생들의 컨디션 차이인가, 아니면 주제의 난이도 때문인가, 여러 가지 고민을 했는데 한 발 물러서서 강의실을 바라보니 의외로 답은 쉽게 나왔다. 문제는 강단에 서 있는 나에게 있었다. 토론 주제에 대해 설명하면서 내가 이미 그에 대한 가치 판단을 내리곤 했던 것이다. 그럴 때면 학생들 대부분이 나의 의견에 맞춰 말하려고 했고, 그것이 싫은 학생들은 침묵하는 편을 택했다.

학부생이나 대학원 과정생 시절에 발표할 때도, 가장 먼저 신경 쓰는 것은 그 주제에 대해 해당 교수가 어떠한 입장을 가지고 있는가 하는 것이었다. 답안지를 제출할 때도 문제의 답을 오로지 교수가 정한 가치 판단에 따라 작성해야 했다. 그러지 않으면 제대로 된 점수가 나오지 않았기 때문이다. 내가 아는 많은 교수들이, 또는 젊은 강사들이 "나는 학생들과 소통하려고 한다"고 말했지만, 그들이 얼마나 그것을 실천했는지는 의문이다. 학생이 자신과 다른 의견을 가지고 있다고 해서 얼굴을 붉히거나 학점에 불이익을 주는 교수를, 나는 많이 보아왔다. 그들의 소통은 "자신의 의견을 끝까지 관철시키는 것"이 되는 일이 많았다.

교수들은 종종 학생들이 자신의 의견을 말하는 데 소극적이라고, 그래서 주체적이지 않다고 비판하곤 한다. 그러나 학생을 주체로 대하지 않는 자신의 태도에 문제가 있음은 알지 못한다. 교수와 학생 중 강의실에서 더 주체의 자리에 있는 이는 언제나 교수다. 고작 한 뼘 높이의 강단은 갑과 을의 자리를 선명하게 구분해 낸다. 교수에게는 학생 평가라는 절대적 권위가 있고, 학생은 제도적으로나 관습적으로나 현실에서는 피주체의 자리에 머무른다. 그런데 학생들에게는 그 높낮이의 차이가 명확히 보이지만, 정작 강단에 선 교수에게는 잘 보이지 않는다. 주체로 명명되는 이들은 상대방의 처지를 섬세하게 고려하는 대신 소통하고 싶은 자신의 욕망만을 상대의 자리에 대입하기 쉽다. 우리는 그것을 '공감 능력의 결여'라고도 부른다.

교수자가 강의실의 유일한 주체가 되어 말을 쏟아내는 순간 그 안의 학생들은 타인의 운전석에 앉은 대리기사가 되어버린다. 스스로 사유하기를 멈추고 영혼 없는 대답만 기계적으로 하게 된다. 그런 그들이 "어떻게 생각합니까?" 하는 질문에 주체적으로 답할 수 없는 것은 당연하다. 학생들은 강의실 밖으로 나오며 오히려 사유와 발화의 자유를 되찾는다. 마치 운행을 마친 대리운전 기사처럼 다시 온전한 몸으로 돌아온다.

그러나 되찾을 수 없는 자유, 순응하는 몸

타인의 운전석에서 내리며, 나의 신체를 되찾는다. 무엇보다 사유하고 발화할 자유를 되찾아 온다. 더 이상 상대방의 눈치를 보며 기계적인 반응을 보이지 않아도 된다. 하지만 그러한 일이 반복되면서 나는 조금씩 주체의 자리에서 이탈하는 데 익숙해져 갔다. 상대방이 말하는 대로 수용하고 긍정하는 간편한 대화의 방식, 말하자면 '순응'이 어느새 자연스럽게 몸에 각인된 것이다. 누군가 나를 주체로서 대우한다고 해도 익숙해진 몸을 되돌리기는 쉽지 않다. 그러면 어디에서든 주체로서 발화할 수 없게 된다. '순응하는 몸'은 그렇게 만들어진다.

타인의 운전석과 다름없는 '을의 공간'은 우리 사회 곳곳에 존재한다. 차의 주인과 대리기사와 같은 역설의 관계 역시 우리 주변 어디에나 있다. 직장에서, 학교에서, 가정에서, 그 어디에서, 주체의 욕망은 쉽게도 타인을 잡아먹는다. 예컨대 의사 결정권자는 언제나 자유롭게 회의 안건을 내고 소통하자고 하지만 그 누구도 화답하기는 쉽지 않다. 이미 상상과 수용 가능한 범위가 제한되어 있음을 모두가 안다. 거기에서 벗어나거나 반론을 내기라도 하면 곧 눈총이 쏟아진다. 소통은 주체가 된 이들의 논리를 확인하고 강요하는 수단이 된 지 오래다. 부하 직원은 직장 상사에게 아이디어를 내지 않고, 학생은 교사의 의도에서 벗어난 답을 제출하지 않는다. 아이 역시 부모 앞에서 자신이 원하는 바를 털어놓지 않는다. 자신이 주체가 될 수 없음을 잘 알고 있기 때문이다. 이처럼 우리는 어린 시절 부모와의 관계부터 시작해 교사, 직장 상사와의 관계에 이르기까지 '을의 공간'에서 순응하는 방법을 주로 배워왔다.

그렇게 이 사회는 거대한 타인의 운전석이 된다. 모든 개인은 주체와 피주체의 자리를 오가면서 주체가 되기를 욕망하고, 타인에게 순응을 강요한다. 그런데 그것은 사회가 개인에게 보내는 욕망과 그대로 일치한다. 특히 국가는 순응하는 몸을 가진 국민을 만들어내려는 노력을 게을리하지 않는다. 그 어떤 비합리와 비상식과 마주하더라도 그에 대해 사유하지 않는 국민이 늘어나기를 바란다. 대신 순응하지 않는 이들을 감시하고 격리해 나가면서 자신들의 욕망을 대리할 '대리국민'을 양산해 낸다. 그러한 국민/개인들은 국가/조직이 얼마든지 간편하게 통치/통제할 수 있다.

국가 시스템에 효율적으로 통제되면서도 자신을 주체로 믿는, 동시에 사유하지 않고 모든 현상을 바라보는 국민은 지금의 국민국가가 지향하는 '대리사회'의 이상향이다. 그렇게 '대리국민'이 된 이들은 국가를 위한 싸움에 스스로 나선다. 국가와 자신을 동일시하며 국가에 대한 비판을 자신에 대한 모욕으로 받아들인다. '자신들의 국가'를 위해, 그에 순응하지 않는 이들과 몸소 싸워나간다.

국가라는 단위를 벗어나더라도, 그러한 시대의 논리를 몸에 새긴 개인들은 어디에나 존재한다. 그들은 자신이 속한 조직의 시스템에 순응하지 않는 개인들을 주저앉힌다. 하지만 그것이 대리된 욕망임은 알지 못하고 주체로서 정의로운 행위를 하고 있다고 믿는다. 어쩌면 국가/조직 시스템에 편입되어 있는 모든 개인의 문제일 것이다.

타인을 주체로서 일으키는 이들이 있다

우리는 순응하는 몸에 익숙해진 개인들이다. 국가/사회 시스템에 편입되어 있는 한 그것은 필연적일 수밖에 없다. 그러나 그 욕망을 대리하는 '대리인간'이 되어서는 안 된다. 자신을 둘러싼 구조와 마주하고, 주체가 되어 사유해야 한다. 끊임없이 질문을 던지고 불평해야 한다. 그것은 한 개인이 가진 사회적 책무이자 다음 세대를 위한 성찰이다.

　그러기 위해서는 우선 주체의 자리에서 손을 내밀 수 있어야 한다. 한 뼘 높이의 강단에만 올라가도 학생들을 섬세하게 바라보는 일이 쉽지 않다. 보이는 풍경이 아주 약간 달라졌을 뿐인데도 그렇다. 아주 조금 주체의 자리에 가까워진 것만으로도 거기에 취하고 시스템에 순응하게 된다. 주변에서 그런 이들을 발견하는 것은 그리 어렵지 않다. 그런데 그동안 그 누구도 타인을 주체로 일으키는 방법에 대해서는 알려주지 않았다. 우리는 경쟁에서 승리하고 오로지 혼자서만 주체가 되기를 주문받아 왔다. 올라서는 법과 지키는 법만 배운 개인들에게 주체의 자리에서 타인에게 손을 내밀라는 것은 그간 익숙해진 신체를 되돌리라는 말과도 같다.

　그러나 직접 '을의 공간'으로 내려와 손을 내미는 이들이 여전히 있다. 정말이지 많은 손님들이 다양한 방식으로 타인의 운전석에 앉은 이들을 주체로서 일으켜세운다. 그것은 따뜻한 말 한마디이거나, 반갑게 맞이하는 인사와 미소이고, 무엇보다도 상대방에 대한 '배려'다. 담배를 피우기 전에, 음악을 틀기 전에, 전화 통화를 하기 전에, "죄송하지만 제가 무엇을 해도 괜찮을까요?"라고 묻는 이들이 있다. 나는 그들에게 "선생님의 차인걸요. 묻지 않으셔도 괜찮습니다"라고 답한다. 그리고 "감사합니다"라는 말을 꼭 덧붙인다. 그것은 그들이 나를 그 공간의 한 주체로서 존중한다는 의미다. 그 자체로 나는 '함께' 있는 '사람'이 되는 것이다.

물론 그들이 내 눈치를 볼 필요는 없다. 마음껏 담배를 피우고, 음악의 볼륨을 높이고, 시끄럽게 전화 통화를 해도 좋다. 나는 그들이 고용한 대리운전 기사일 뿐이다. 하지만 같은 공간에 있는 어느 한 존재를 의식하는 것은 그 자체로 무한히 아름답고 감사한 일이다. 담배를 피우고 창문을 다시 올리며, 음악의 볼륨을 줄이고 전화 통화를 끝내며 "죄송합니다, 기사님" 하고 말하는 이들에게는 나도 그 무엇으로든 화답하고 싶다. 조금 더 운전에 신경 쓰는 것이 내가 할 수 있는 전부이지만, 상대방을 주체로 일으켜세우는 그들에게 한 인간으로서 순수한 존경을 보낸다.

아직 대리사회의 괴물에게 잡아먹히지 않은 개인이 존재한다. 그들로 인해 우리는 잊고 있던 몸의 감각을 깨운다.

다시 지방시가 되어 글을 쓴다   2016. 6. 3.

1년 동안 글을 쓸게요, 선언하고는 정작 별로 한 것도 없이 6개월이 지났다. 절반의 시간이 지나고 나머지가 남았다. 제도권에 익숙해진 신체가 쉽게 되돌아오지 않는다. 그러고 보면 지난 6개월 동안 계속 눈치를 봤다. '나'보다는 '지방시'에게 무엇을 기대하고 있을까, 나는 어떠한 전선을 구축해야 할까, 그리고 어떤 방식으로 해야 할까, 하고 불안한 눈으로 주위를 두리번거렸다. 이래서야 대학에서의 삶과 무엇이 다른가. 아내는 보기가 답답했는지 3개월쯤 혼자 지내며 글을 써보지 않겠느냐고 제안해 왔고, 나는 거절했다.

그런데 며칠 동안 비공개 페이스북 계정 하나를 새로 만들고 정신없이 글을 썼다. 이 글은 순전히 다시 글을 쓸 수 있게 되었다는 자기만족을 드러내기 위한 것이다. 그만큼 기쁘다. 그동안 써야 할 글을 계속 써왔지만 그와는 다른 나아갈/가야 할 방향이 이전보다 명확히 보인다. 제도권에 푹 담겨 있던 신체를 되돌리는 데 6개월이 걸렸다. 다시 지방시가 되어, 글을 쓴다.

나의 몸이 아니다   2016. 6. 4.

일하는 도중에 배가 너무 아팠다. 백화점 화장실에 가려다가 상가 건물의 화장실이 의외로 개방되어 있어서 들어왔다. 깨끗하다. 대리운전을 하기 위해 조절해야 할 게 많다. 물을 마시고 싶어도, 배출하고 싶어도 조절해야 한다. 내 신체도 나의 것이 아니고 이미 타인에게 대리를 주었다.

3

나에게는 호칭을 결정할 **권한이 없었다**

'아저씨'라는 단어가 나를 우악스럽게 잡아끌었다

핸드폰에 '카카오드라이버(기사용)' 애플리케이션을 설치했다. 그
것을 실행하면 나의 핸드폰은 주변의 대리 호출을 받을 수 있는 단말
기로 변하고, 손님과 만나고서는 마치 택시의 요금 미터기처럼 된다.
물론 절차에 따라 대리기사로 등록된 후의 일이다. 나는 4월 30일에
원주에서 면접을 보았고, 5월 31일부터 첫 운행을 시작했다.

호출받는 것을 '콜'이라고 한다. 콜이 오면 핸드폰의 화면을 그 알
림이 가득 채운다. 손님이 주변 몇 미터 근방에 있는지, 거기까지 가
는 데 걸어서 몇 분이나 걸릴지, 목적지는 어디이고 예상 요금은 얼마

인지 하는 것이 모두 표시된다.

처음 앱을 실행하고는 집에서 콜을 기다렸다. 집 주변에 먹자골목이 있으니 굳이 나가지 않아도 될 것이었다. 아내에게 책을 읽고 글을 쓰다가 콜이 들어오면 다녀오겠다고 속 편히 말하고는 책상 앞에 앉았다. 그런데 그렇게 간단한 일이 아니었다. 계속 핸드폰 화면에 눈이 갔다. 책은 한 페이지도 제대로 넘어가지 않았고 간신히 몇 문장을 쓰다가 지워버리기를 반복했다. 밥을 먹을 때도 화장실에 갈 때도 핸드폰을 곁에 두었고, 손을 씻다가도 물 묻은 손으로는 터치를 할 수 없을 테니 거품을 조금만 내어 빠르게 씻었다. 그러면서 픽, 하고 혼자 웃었다. 내 신체를 아직 만나지도 않은 가상의 손님이나 시스템에게 스스로 헌납한 기분이었다. 아내도 그런 내 모습이 우스운지 기웃거리다가 혀를 차면서 웃었다.

그런데 뻔히 지켜보면서도 몇 번이나 콜을 놓쳤다. 수락이나 거절 버튼을 눌러야 하는데 어쩌지, 하고 고민하는 사이 알림은 곧 사라졌다. 손님이 호출을 하면 주변의 기사들에게 순차적으로 콜카드가 뜨고, 다시 먼 곳의 기사들에게 제시되는 방식이었다. 그러니까 빨리 수락하지 않으면 다른 기사들이 콜을 가져가는 것이다. 한번은 '횡성'까지 가는 콜이 떴는데 돌아올 버스는 있는지, 오고 가는 데 얼마나 시간이 걸릴지, 그러한 것들을 계산하는 동안 알림이 사라졌다. 그런 식으로 몇 개의 콜을 놓치고서는 다음 콜은 언제 어디로 가는 것이든 무조건 다녀오겠다고 마음먹었다.

밤 11시가 다 되어 들어온 콜을 목적지도 보지 않고 수락했다. 손님은 1.5킬로미터 거리에 있었고, 그의 목적지는 약 10킬로미터 떨어진 '문막읍'이라는 곳이었다. 예상 요금은 2만 2천 원이라고 했다. 돌아오는 버스는 이미 끊겼을 테고 꽤나 '오지'라고 할 수 있는 곳이지만 어찌 되었든 엎질러진 물이었다. 아내는 어린 아들과 함께 이미 잠들어 있었고, 나는 우선 밖으로 나왔다.

택시를 탈까 잠시 고민하다가 뛰는 편을 택했다. 15분이면 도착할 수 있을 것이었다. 손님은 볼보모터스 전시장이라는 곳에 있다고 하는데 잘 모르는 곳이었지만 도보 내비게이션을 계속 '새로고침'하면서 뛰었다. 그러면서 그를 만났을 때 뭐라고 하면 좋을지를 계속 고민했다. 대리 부르셨죠, 대리입니다, 대리인데요, 하는 첫 인사부터 시작해서 사장님, 선생님, 무엇으로 호칭을 하는 것이 어울릴지 알 수 없었다. 표정이나 목소리의 톤까지도 혼자 몇 번이고 시뮬레이션했다.

건널목에서 신호를 기다리며 숨을 고르는데 손님에게 전화가 왔다. "사장님 혹시 대리 부르셨나요" 하고 전화를 받자 그는 대뜸 "아저씨, 왜 안 와요?" 하고 물었다. 술에 많이 취한 목소리였고 거기에는 그의 짜증이 그대로 묻어 있었다. 그때, 정신이 들었다. 나는 소꿉놀이를 하러 나온 게 아니었다. "금방 가겠습니다, 죄송합니다"라고 답했고, 그는 "빨리 좀 와요" 하는 것으로 전화를 끊었다.

내가 콜카드를 받은 지 5분 정도 지난 때였다. 택시를 타지 않은 것을 후회하면서 나는 무단 횡단을 했다. 몇 개의 건널목이 더 나타났지만 그때마다 신호보다는 최소한의 안전이 확보되는지만 확인하고 길을 건넜다. 건물과 건물 사이에 작은 골목이 있으면 거기를 가로질렀다. 에어컨 실외기나 이런저런 장애물들로 막혀 있기도 했지만 어떻게든 빨리 가는 것이 중요했다. 수락 버튼을 누른 그 순간부터 나라는 주체는 이미 타인에게 귀속되었고, 수단보다는 목적이 중요해졌다.

'아저씨'라는 호칭은, 아주 오랜만에 듣는 것이었다. 대학에서 석사 학위를 받고 나서부터는 대개 어디에서든 나는 '선생'이었다. 대학에는 사실 '선생'이나 '교수' 말고는 딱히 다른 호칭이 존재하지도 않아서, 거기에 익숙해져 있었다. 먼 사이일수록 그저 누구 선생님, 하고 부르면 그것이 가장 보편적이고 서로 편했다. 기껏해야 '김민섭 씨'가 가장 이질적이었는데 거리로 나오자마자 초면의 누군가에게 나는 '아저씨'가 되었다.

나에게는 나의 호칭을 결정할 권한이 없었다. 그리고 그것이 아직 대학이라는 공간에 젖어 있던 나의 신체를 우악스럽게 현실로 잡아끌었다. 나는 지금 대학이 아닌 거리에, 그리고 세상에 있다. 아저씨에 익숙해져야겠다고 생각하면서, 나는 뛰었다.

타인의 운전석에서 내리며, 호칭을 다시 찾았다

15분이 채 안 되어 볼보모터스 전시장에 도착했는데, 거기에는 아무도 없었다. 도착했다는 알림을 손님에게 보내고 전화를 하니 그는

첫 손님에게 뛰어가면서 그에게 어떤 첫마디를 건네야 할지, 그를 무엇이라 호칭해야 할지, 계속해서
시뮬레이션했다. 1.5킬로미터 정도 되는 거리를 걷고 뛰고 하는 동안, 노동은 운동이 될 수 없음을
알았다.

거기에서 조금 떨어진 오리구이집에 있다고 답했다. 나는 그때 GPS를 탓했는데, 지금 생각해 보면 그가 임의로 출발지를 지정했을 것이다. 다시 오리구이집을 향해 뛰는 동안 숨이 차오르고 땀이 흘렀다. 도중에 몇 번이고 숨을 좀 돌리고 싶었지만 쉴 수도 없었다. 그러니까 이것은 '운동'이 아니라, '노동'이었다. 헬스장에서는 힘들면 언제든 러닝머신에서 내려올 수 있고, 어느 한계까지 나를 내몰고서도 곧 쉬고 싶은 만큼 쉴 수 있다. 하지만 노동은 내 몸의 형편을 돌봐주지 않았다.

숨을 몰아쉬며 도착한 오리구이집 주차장에는 몇 명의 대리기사가 벌써 도착해 있었다. 손님에 대한 원망이 조금 일던 나는 그것을 보고 그가 기다리다 지쳐 다른 대리기사를 불렀나, 하는 조바심이 났다. 제발 그러지 않았기를 바라며 전화를 했더니 자신은 오리구이집 건너편 도로에 있다고 했다. 화가 났지만, 동시에 여전히 기다려주어 고마웠다. 그에게 "네, 곧 가겠습니다, 사장님" 하고는 전화를 끊었다. 비상등을 켜고 도로 한쪽에 서 있는 차를 발견했을 때는 눈물이 왈칵, 나올 지경이었다.

나의 첫 '사장님'은 차의 조수석을 반쯤 젖혀놓고는 잠들어 있었다. 그에게 인사하자 그는 "아저씨, 뭐 이리 오래 걸렸어요, 출발하세요" 하고는 돌아누웠다. 나를 어떻게 대할지 몰라 걱정했는데 그는 약간의 짜증을 더 표시하는 정도로 인사를 대신했다. 타인의 운전석에 앉은 것은 거의 처음이었다. 액셀과 브레이크의 반응도, 헤드라이트의 밝기도, 운전석에서의 시야도, 모든 것이 조금씩 이질적이었다. 의자를 조금 당길까 하다가 어떤 버튼을 눌러야 할지도 잘 알 수 없어서, 조금 더 내 몸을 움직였다.

핸드폰의 내비게이션을 켜고는 음성 안내를 들으며 운전을 시작했다. 액셀과 브레이크를 밟았을 때 차가 나가고 서는 감각부터가 내 차와는 달랐다. 우선 거기에 익숙해져야 했다. 그리고 이 차의 주인은 나보다 키가 작으면서도 거의 의자에 누워서 운전을 하는지 의자를 뒤로 잔뜩 밀어두었다. 안전을 위해서라도 의자를 조금 앞으로 당기고 싶었지만 그가 자신의 신체에 맞춰두었을 그 공간을 훼손하면 안 될 것 같았다. 그래서 나는 부자연스러운 자세로 계속 운전할 수밖에 없었다.

목적지인 그의 아파트 입구에 도착해 "사장님, 도착했습니다"라고 말하자 그는 잠에서 깨어 손가락으로 지하 주차장을 가리켰다. 빈자리를 찾아 몇 바퀴를 돌아 주차를 하고는 운행을 종료했다. 함께 지상 계단을 걸어 나오는 동안 그는 나에게 카카오 대리는 처음인데 언제부터 시작한 것이냐 물었고, 나는 오늘부터 서비스를 시작했으며 당신은 나의 첫 손님이라고 답해 주었다. 지상에 도착한 우리는 멋쩍게 웃고는 헤어졌다.

첫 운행을 무사히 끝내고서는 여러 감정이 교차했다. 사고가 나지 않았음에 안도했고, 손님이 술에 많이 취하지 않았음에 감사했다. 무엇보다도 맡겨두었던 나의 몸도, 호칭도, 다시 되찾은 것 같아 더욱 소중했다. 타인에게 나의 모든 것을 내주었다가 간신히 다시 돌아온, 그런 기분이었다.

1만 8천 원의 운행 요금은 20퍼센트의 수수료를 제하고 다음 날 등록된 통장으로 입금될 것이다. 온전한 나의 노동으로 번 돈이 프로그램에 찍혀 나온 것을 보고, 나는 웃었다. 다만 12시가 다 된 시간에 집에 돌아갈 일이 걱정이었다. 지하철은 없는 도시이고 버스도 이미 끊겼다. 30분 정도 혹시 시내로 들어가는 콜이 있을까 하고 서성거리다가 이내 포기하고, PC방으로 발걸음을 옮겼다. 그때 누군가가 나에게 "대리기사 맞으시죠?" 하고는 다가왔다.

나는 내 코의(냄새의) 주인이 아니다   2016. 9. 19.

원고 마감이 바빠 오늘은 일을 쉬기로 했다. 그런데 근방 100미터에서 일산으로 가는 콜이 뜨기에 나도 모르게 이건 꼭 가야 해, 하며 수락했다. (몸이 자연스럽게 반응한 것이라 어쩔 수가 없었다.) 서교동-일산 운행을 마치고 지하철역으로 버스를 타고 가는 도중 김포로 가는 콜이 나왔다. 기사님 세워주세요, 하고 벨도 안 누르고 세워달라 말씀드리고 급히 내렸다. 일산-김포로 갔다. 어차피 콜이 나올 만한 동네가 아니어서 광역버스를 타니 합정까지 15분 만에 왔다. 신도시를 숨 쉬게 만들어주는 건 아무래도 광역버스다. 어딜 가나 지하철은 공사 중이다.

일산으로 가는 손님은 가는 내내 방귀를 뀌었다. 어디서 독한 냄새가 계속 스멀스멀 올라왔다. 창문을 열고 싶었지만 그런 티는 못 내고 있었는데 그가 먼저 "아유, 독하네⋯⋯" 하고 중얼거렸다. 정말이지 냄새가 심했다. 독한 것 같으면 창문을 좀 열어주시죠, 하고 말하고 싶었으나 묵묵히 숨을 얕게 쉬면서 운전했다. 자유로에서만 네 번은 방귀를 뀌었나 보다. 그때마다 민망해하면서도 창문은 절대 열지 않았다. 대리기사라지만 방귀 냄새까지 다 맡아주고 싶지는 않다. 하지만 나에게는 창문을 열 자유가 없었다. 그가 아유 독하네, 하는 대신 창문을 열어주었더라면 좋았을 것이다.

방귀뿐 아니라 계속해서 트림을 하는 손님들이 있는데, 그러면 그가 무엇을 먹었는지 원치 않아도 모두 알게 된다. 타인의 운전석에서 나는 내 코의 주인이 아니다.

4
호칭이 주는 환각에 익숙해질 때 **우리는 대리가 된다**

법인 대리기사를 만나다

첫 운행을 끝내고, 나는 집에서 10킬로미터 이상 떨어진 도시에 홀로 남겨졌다. 12시가 다 된 시간에 집으로 돌아갈 일이 우선 걱정이었다. 도로를 따라 2시간가량 걸어가면 되겠지만 불빛도 드문 자동차 전용도로를 걸어갈 배짱은 없었다. 혹시 복귀할 수 있는 콜이 없을까 하고 잠시 서성이다가 포기하고서 언뜻 보아둔 PC방으로 발걸음을 옮겼다. 그때 누군가 나에게 다가왔다. 그러고는 "대리기사 맞으시죠?"라고 물었다.

50대 여성이었는데, 그가 나의 무엇을 특정해 '대리기사'라고 불렀

느지 정말이지 궁금했다. 왜냐하면 그때 나는 대리기사가 된 지 고작 30분밖에 되지 않았기 때문이다. 옷차림은 평범한 남방셔츠에 면바지였고, 한 손에 핸드폰을 들고 있었던 것이 전부였다. 나는 당황해서는 "아 그게, 음…… 맞습니다"라고 얼떨결에 답했다.

그러자 그는 안도의 한숨을 내쉬며 자신은 서울에서 원주까지 콜을 받고 내려온 대리기사인데 여기에서 어떻게 나가면 좋겠느냐고 물었다. 하지만 나도 같은 곤경에 빠져 있었다. 머쓱한 표정으로 "저는 오늘 처음 일을 시작했어요"라고 말하는 것이 고작이었다. 그는 굉장히 실망스러운 표정을 지으며, 어쨌든 기사님도 여기서 나가야 할 테니 같이 방법을 찾아보자, 하고 제안했다. 여전히 막막했지만 '동료'가 생긴 것 같아 조금은 든든했다. 나보다는 경력이 있을 그가 무언가 해결책을 제시해 주지 않을까 하는 기대도 가졌다.

그는 자신을 법인 대리기사라고 소개했다. 그때는 '법인 대리기사'가 무엇인지 몰랐는데, 특정 회사들과 계약을 맺고 그 임직원을 대상으로 서비스를 제공하는 것이었다. 나는 왜 그랬는지 그에게 서울에서 오셨으면 4만 원 정도는 받으셨겠어요, 하고 말을 건넸다. 그러자 그는 정색하면서 12만 5천 원을 받고 왔다고 했다. 그러면서 그것도 싸게 받고 내려온 것이라고 또박또박 덧붙였다. 나는 무척 주눅이 들었다. 그는 그런 나를 뒤에 두고서는 주변을 이리저리 탐색하더니 택시를 타는 수밖에 없겠다고 말했다. 마침 택시 한 대가 다가오고 있었다.

택시비가 대리비보다 많이 나올 것이 분명해서 나는 주저했는데, 그는 이미 택시를 향해 손을 흔들었다. 그러고는 다가가서 "기사님, 시내까지 대리 두 사람 5천 원씩 드리고 나갈 수 있을까요?"라고 물었다. 그것은 오랜 시간 동안 그에게 익숙해진 하나의 어법 같았다. 대단히 정중하면서도 어떤 간절함과 절박함을 함께 담고 있었다. 나는 그래도 만 원에 여기에서 택시를 탈 수는 없을 것이라고 생각하며 택시 기사의 반응을 기다렸다. 그런데 그 역시 무척 익숙한 말과 몸짓으로 "아이고 그럼요, 어서 타세요" 하고 답했다.

나는 그 익숙함에 이끌려 택시에 올랐지만, 이것은 하나의 문화충격이었다. 가는 동안 택시 기사는 미터기도 켜지 않았다. 그는 우리 둘에게 고생이 많으시다며 말을 건네고는, 이 지역에서는 대리운전을 하기가 무척 힘들 것이라고 했다. 내가 반사적으로 왜죠, 하고 묻자 그는 여기는 대개 음주운전을 하기 때문이라고 답했다. 그러면서 반대 차선의 차를 가리키며 "저 사람도 음주네요"라고 했다. 과연 차 한 대가 비틀비틀대며 차선을 조금씩 넘나들고 있었다. 그러고 보면 어느 지역의 음주 단속 횟수는 그 지역 대리기사들의 생계와도 관계가 있다. 이전에는 그저 세금을 더 걷기 위한 수단쯤으로 생각했는데, 거기에도 이런저런 생태계가 얽혀 있는 것이다. 나는 음주 단속을 강화해 달라고 시청에 건의라도 하고 싶은 심정이었다.

원주에서 가장 번화가인 시외버스터미널 앞에서 함께 내렸다. 나는 짧은 시간이지만 고락을 함께한 기사에게 조금이라도 도움이 되고 싶어서 어디로 가면 찜질방이 있고 첫차 시간은 몇 시이고, 그런 것을 조언이랍시고 열심히 떠들었다. 어쩌면 서울로 가는 콜이 나올 수도 있을 것이니 희망을 가지시라고도 했다. 그는 빙긋 웃으면서 조심히 들어가시라고 작별 인사를 하고는 건널목을 건넜다. 그가 어떻게 서울로 복귀했는지 아직도 잘 모르겠지만, 어떻게든 마법처럼 잘 탈출하지 않았을까 한다.

호칭은 한 인간을 대리하는 수단이 된다

콜이 하나 더 들어왔지만 나는 '거부' 버튼을 누르고는 집을 향해 걸어갔다. 그러면서 1시간 동안 나에게 일어났던 일들을 조금씩 떠올렸다. 첫 손님은 나를 처음부터 끝까지 '아저씨'라고 불렀고, 나는 그를 '사장님'이라고 불렀다. 나는 그에게, 그는 나에게, 누구도 자신을 어떻게 호칭해 달라고 부탁하지 않았다. 하지만 너무도 자연스럽게 나는 아저씨가 되고 그는 사장님이 되었다. 만약 내가 여성이었으면 아가씨, 혹은 아줌마로 호칭되었을 것이다.

그러한 호칭에는 듣는 대상의 자존감이나 주체성을 갉아먹는 힘이 있었다. 모든 관계는 호칭에서부터 그 범위가 상상되고, 확장 또는 축소된다. 호칭을 결정할 자유를 빼앗겼을 때부터 나의 신체는 이미 나의 것이 아니었다. 그래서 운전석에서 내리면서는 나를 되찾아온 것처럼 후련하기도 했다. 하지만 동시에 나의 또 다른 운전석'들'이 떠올랐다.

작년까지 강의실에서 나는 '교수님', 혹은 '선생님'이라고 주로 불렸다. 학생들은 정규직 교수와 비정규직 시간강사의 호칭을 다르게 하지 않았다. 그들에게 강단에 서 있는 모두가 '교수'였다. 그런데 '교수'라는 호칭은 나를 은밀하게 주체로서 고양시켰다. 4대보험이 보장되지 않는 4개월짜리 계약직 노동자이면서도, 마치 유령처럼 강단에 존재하면서도, 정규직 교수가 된 것과 같은 환각에 잠시 빠졌다. 허상임을 알면서도 수십 명이 나를 교수로 규정하는 순간만큼은 주체로서 고양되는 것이다. 반복되다 보면 위화감도, 어떤 서글픔도, 모두 옅어진다.

호칭은 한 인간의 주체성을 대리하는 수단이 된다. 자신을 그 공간의 주체라고 믿게 만드는 동시에, 그를 둘러싼 여러 구조적 문제들을 덮어버린다. 나 역시 내가 속한 공간에는 아무런 문제가 없고 나는 그 구성원이라는 환상에 한동안 빠져 있었다.

그 환각에 익숙해질 때, 우리 모두는 '대리'가 된다. 그 공간에서는 더 이상 온전한 나로 존재할 수 없다. 누군가의 욕망을 대리하며 '가짜 주인'이 되어 살아가게 되는 것이다. 나는 대학뿐 아니라 내가 속했던 여러 공간에서 대개 주체로 서지 못했다. 누구도 호칭 뒤에 숨은 내가 누구인지 알려주지 않았고, 나도 스스로 한 발 물러서서 그와 마주하려 하지 않았다. 결국 의도치 않게 밀려나고서야 나는 누구였는지 나는 거기에서 무엇이었는지를 돌아보았고, 그때는 너무 늦었다.

나는 계속해서 '아저씨'가 되어 타인의 운전석에 앉는다. 하지만 대학의 강의실에서 '교수님'으로 호칭되었을 때와 달라진 것은 없다. 강의실에서도 나는 대리인간으로서만 존재했다. 스스로 물러서서 나를 둘러싼 구조와 마주하지 못하고 호칭이 주는 환각에 취해 살아왔다. 오히려 아저씨가 된 지금, 더욱 주체적인 '나'로서 타인과 마주할 수 있다.

집에 돌아와 거울을 보는 순간 "대리기사 맞으시죠?"라고 했던 그 기사의 말이 이해가 되었다. 옷이 땀에 흠뻑 젖어 있었다. 한밤중에 그런 꼴로 간절히 핸드폰을 붙잡고 있을 만한 인간은 흔치 않을 것이었다. 그래서 나는 잠든 아내와 아이가 깰까 봐 혼자 숨죽여 웃고, 온전한 나로서 방에 들어갔다.

나는 내 귀의(소리의) 주인이 아니다   2016. 10. 5.

며칠 전에 20대 손님 둘을 태우고 망원동에서 응암동까지 운전했다. 뒤에 앉은 '형님'은 동생에게 음악의 볼륨을 25까지 올려달라고 했다. 그렇게 하자 차는 소리로 가득 찼다. 의자가 부르르 떨릴 정도였다. 형님은 이게 태국 랩이야, 우리나라보다 훨씬 앞서 있어, 하면서 잘 들어보라고 했다. 튜닝을 했는지 비트가 울릴 때마다 차가 번쩍번쩍했다. 그는 그것이 베이스 기타 소리에 반응하는 조명이라고 했다. 형님은 "야, 의자에 진동이 오니까 안마의자 같고 좋지 않냐" 했고, 동생도 "와, 좋네요, 좋아" 하면서 함께 들떴다.

가끔 길에서 음악에 취한 차들이 번쩍번쩍하면서 다니는 게 바로 이거였나 보다. 나는 운전석에 앉아 보이는 차들에 대고 아이고 죄송합니다, 하하 죄송해요, 하고 사과라도 하고 싶은 심정이었다. 무엇보다 내 귀가 아팠다. 앞으로도 들을 일이 아마 없을 태국 랩을 처음 들어보는 걸로 그나마 위안을 삼았다.

"야, 비트 쪼개는 거 들리냐? 와, 이거 진짜 몽환적이고, 이거 우리나라 애들은 절대 못 따라 해."

동생을 먼저 내려주고 나서야 그는 볼륨을 줄였다. 차에 튜닝만 2천만 원을 했다고 한다. 국산 준중형 차였는데, 차 가격의 거의 2배를 쏟아부은 셈이다. 그런데 중고차 딜러인 아는 동생이 3백에 사겠다고 한다고 분개했다. 나는 "아유, 그러면 안 되죠" 하고 맞장구를 쳤다. 그는 고개를 끄덕이고는 주차장에 세워놓고 음악을 듣는 용도로 쓰겠다고 했다.

어린 형님 덕분에 태국 랩이 그만큼 선진적이라는 것을 알았다. 물론 다시 찾아 듣지는 않을 것이다. 타인의 운전석에서 나는 내 귀의 주인이 아니었다.

5
거리의 문법을 배우기 위해 **다시 책상 앞에 앉았다**

대리운전을 하기 전에는 종종 손님이 되어 조수석에 앉았다. 기사들이 먼저 말을 건네는 일은 거의 없었고 나도 딱히 건넬 말이 없어 그저 멋쩍은 표정을 지으며 가만히 있곤 했다. 그런데 '나를 내려주고 나면 기사님은 어떻게 집에 돌아가지?' 하는 것이 항상 궁금했다. 원주는 10시만 지나도 대부분의 버스가 끊기는 지방 중소도시였고, 나의 집은 거기에서도 외곽이었다. 택시를 타거나 걸어가는 수밖에 없는데, 택시비만 해도 그가 받을 대리비보다 많이 나올 것이었다. 그래서 한번은 조심스레 어떻게 집에 돌아가시느냐, 하고 물었다. 그러자 그는 회사 차가 따라오고 있으니 걱정하지 않으셔도 된다고 답했다.

대리업체는 소속 기사가 외곽 지역으로 운행을 갈 때는 픽업 차량을 제공한다. 기사들이 내는 20~40퍼센트에 이르는 수수료에는 그러한 비용도 아마 포함되어 있을 것이다. 다만 목적지가 번화가일 경우에는 거기에서 콜을 기다리면 되니 굳이 차량이 따라 붙지는 않는다. 아니면 두 사람이 아예 2인 1조로 등록을 하고 움직이기도 한다. 한 사람은 픽업의 역할만 수행하고 돈을 절반씩 나누는 것이다.

그런데 나는 시내버스 막차가 끊기고 나면 집으로 돌아갈 길이 막막했다. 논과 밭, 혹은 공단만 있는 '오지'에 홀로 남겨지는 일도 많았다. 콜을 받아 번화가로 이동할 수 있으면 좋겠지만 그것은 어쩌다 한 번 있는 요행일 뿐이었다. 카카오드라이버에서 제공하는 도보 내비게이션을 켜고 시내를 향해 무작정 걷는 수밖에 다른 도리가 없었다. 믿을 것은 온전히 내 두 다리뿐이었다.

그러는 동안 지역 대리업체의 픽업 차량이 계속 지나다녔다. 저도 태워주시면 안 될까요, 하고 마음으로만 여러 번 물었다. 그들에게 나는 얼마 안 되는 파이를 빼앗아 먹으려고 침투한 이방인일 것이다. 동류이기는 하지만 동료가 될 수 없는 관계다. 지나가는 픽업 차량에는 일부러 눈길을 주지 않았다. 실제로 대리기사들의 인터넷 커뮤니티에서는 카카오드라이버의 신규 기사들과 기존 업체 기사들의 기싸움이 벌어지기도 한다.

오후 9시부터 새벽까지 5시간을 일한다고 치면, 그중 걷거나 뛰는 시간만 순수하게 3시간은 되었다. 운전하는 시간보다도 오히려 더 길

처음에는 '그냥 하다 보면 어떻게 되겠지' 하고 생각했다. 하지만 그러는 동안 나도 나의 가족도 모두 지쳐갔다. 결국 '공부'가 필요했다. 지역의 막차 시간을 알아야 했고, 손님의 목적지만 보고도 거기에서 어떻게 나올 수 있을지가 모두 자연스럽게 떠올라야 했다. 20년 넘게 대리운전 일을 한 어느 기사는 '콜'을 보고 거기가 어딘지, 거기에서는 어떻게 나와서 어디로 이어질 수 있을지, 몇 개의 수를 내다보는 데 0.5초면 충분하다고 했다. 처음에는 웃었지만 일하다 보니 그것은 절대로 과장이 아니었다. 대리운전은 그래야 살아남을 수 있는 노동이었다.

었다. 조금이라도 덜 걷기 위해서는 콜카드의 목적지를 보고 1초 이내에 이곳이 어디인지, 막차는 몇 시까지 있는지, 근처에 적당한 번화가가 있는지, 그러한 것을 모두 판단해야 했다. 하지만 나는 대학교와 집만 10년 넘게 왕복한 인간이었다. 콜카드를 보고 여기가 어디지, 고민하는 사이에 알림은 곧 사라져버렸다. 모든 지명은 나에게 어딘가에 있을 하나의 '점'에 지나지 않았다. 점과 점을 선으로 연결할 수가 없었다. 그래서 얼마간은 막무가내로 운행을 했고 덕분에 내 다리는 성할 날이 없었다. 유난히 많이 걸었던 어느 날은 몸무게를 재보니 2킬로그램 가까이 줄어 있었다.

한번은 12시가 넘은 시간에 중년의 남녀를 태우고 치악산 언저리까지 갔는데 주변에는 모텔 몇 개밖에 없었다. 그들은 함께 모텔로 들어갔다. 혼자 산자락을 따라 걸어 내려오는 동안 무섭고 외로웠다. 고라니나 멧돼지 같은 게 나타나지 않을까 싶어 주변을 살피면서 빠르게 걸었다. 그러다가 안 되겠다 싶어서 콜택시를 불러 겨우 빠져나왔다. 대리비보다 많은 택시비가 나온 것을 보면서 허무했지만 수업료를 냈다고 애써 생각하고 말았다. 아내가 잠든 아이를 두고 나를 픽업하러 온 일도 있었다.

그래서 나는 책상 앞에 앉았다. 나를 위해서도, 가족을 위해서도, 우선 '공부'가 필요했다. 그때 나는 고작 대리운전인데 그냥 몸으로 부딪히다 보면 어떻게 되겠지, 하는 가벼운 태도를 가지고 있었던 것 같다. 하지만 모든 거리에는 저마다의 문법이 있다. 그것을 익히지 않으면 어느 생태계에서든 살아남을 수 없다. 작년까지 논문을 쓰던 책상에서, 이제는 대리운전을 위한 공부를 시작했다. 논문을 쓰는 것과 마찬가지로 이 역시 생존의 문제였다. '길을 잘 모르니까' 하는 것이 삶의 핑계가 될 수는 없었다.

지역 단위로 버스 막차가 끊기는 시간을 검색해 보고 그에 따른 목록을 만들었다. 시간에 따라 순차적으로 갈 수 있는 곳과 갈 수 없는 곳을 나누었다. 춘천에서 원주로 오는 시외버스 막차가 오후 11시까지 있으니 9시까지는 춘천으로 가는 콜을 받아도 된다. 하지만 10시 이후에는 갈 수 없는 지역이다. 그렇게 원주를 중심으로 도시와 도시를 선으로 이어나갔다.

나는 지명만 보고도 그 공간을 상상할 수 있는 토박이들과 경쟁해야 했다. 그들보다 빨리 콜카드에 반응할 수 있도록 목록을 외워나갔다. 그리고 다시 돌아오지 못해도 괜찮다고 마음먹으면서 직접 가보기도 했다. 가지 않고 후회하는 것보다 가보고 후회하는 편이 훨씬 나았다. 시간이 지날수록 콜카드가 사라지기 전에 수락이나 거부 버튼을 누르는 일이 조금씩 늘었다. 갈 수 있는 곳과 갈 수 없는 곳, 혹은 가서는 안 되는 곳을 머리와 몸이 함께 기억해 나갔다.

새롭게 거리의 문법을 배우는 일은 즐겁다. 각각의 점이 선으로 연결되어 간다. 그것은 인접한 도시이기도 하고, 대중교통의 노선이기도 하고, 거기에는 어떠한 사람들이 살고 있는지에 대한 고민이기도 하다. 그 점과 선을 다시 면으로 구성하고 나면 나름 대리기사로서의 기초문법을 떼었다고 할 수 있을 것이다.

　단순히 지명을 외우고 막차 시간을 계산하는 데서 나아가 그 안의 '사람'에 대해 상상하게 된다. 그들은 언제 어떻게 나가고 들어오는지, 그들의 도시는 어떻게 외부와 소통하는지, 하는 것이다. 생존을 위한 투쟁은 그러한 사유로도 확장된다. 그렇게 경험한 삶의 문법이 잠시 스쳐 지나가는 대리가 아닌 온전한 주체로서 내 몸에 남을 것을 믿는다.

주체로서의 사고, 대리인으로서의 사고   2016. 6. 5.

교통사고가 났다. 대리운전을 하면서는 아니고, 내 차를 운전하다가 그렇게 됐다. 아이를 보러 오신다는 장모님을 모시러 가던 참이었다. 모퉁이에서 우회전을 하려는데 70대로 보이는 어르신 한 분이 자전거를 타고 오고 있었다. 내 차의 앞머리가 먼저 들어가 있는 상황이어서 나를 보고 멈추거나 돌아서 가시겠지, 하고 기다렸다. 그런데 그는 그대로 내 차의 범퍼에 와서 부딪혔다. 그리고 자전거와 함께 넘어졌다. 그 모습이 마치 슬로모션처럼 느껴졌다. 차에서 내려 어르신 괜찮으십니까, 하고 여쭈었는데 그는 나에게 크게 화를 냈다. 자전거를 보지도 않고 마구 들어오면 어쩌냐는 것이었다. 죄송하다고 연신 말하면서 경찰서에 신고를 하고, 장모님과 아내에게도 전화를 했다.

경찰을 기다리는 동안 화가 누그러진 그는 나에게 학생이냐고 물었다. 나는 고민하다가 대학원은 아직 명목상 휴학 중이고 대리운전 말고는 딱히 하는 일이 없으니 "네, 학생입니다" 하고 말씀드렸다. 그러면서 얼굴이 화끈거렸다. 그는 젊은 사람이 왜 사람을 안 보고 차를 모느냐고 다시 역정을 냈다. 그러다가 다시 또 누그러져서는 병원에 가면 서로 비용이 들고 힘들 테니 약국에서 약이나 좀 사다 먹겠다고 했다.

곧 경찰이 왔다. 걱정스러운 얼굴로, 그러나 적당히 웃으면서 다가왔다. 덕분에 조금은 마음이 편해졌다. 한 명은 사진을 찍고 다른 한 명은 어르신에게 다가가 이것저것 물었다. 나에게도 이것저것 경위를 묻더니 사건 접수를 하지 않겠다고 했다. 이렇게 좋은 분들이 어디 있냐며 원만히 서로 해결하시면 좋겠다고 했다. 경찰이 곧 떠나고 나는 어르신과 전화번호를 교환했다. 마침 아내가 택시를 타고 왔기에 현금 5만 원과 신용카드를 빌렸다. 근처 마트에 가서 한라산 한 보루를 사서, 약값과 함께 전해 드렸다. 한라산을 사다 달라고 하지는 않았지만 그의 주머니에는 한라산 한 갑이 들어 있었다.

돌아오는 길에 다른 이의 차를 운전하다가 사고가 났으면 어땠을까, 하고 상상했다. 주체로서의 사고와 대리인으로서의 사고는 다를 것이다. 그것은 단순한 사고가 아닌 재난이다. 사고가 나더라도 책임질 수 있는 주체로서 낸 사고여서 그나마 다행이었다. 며칠 동안 대리운전으로 번 돈이 날아갔지만 비싼 공부를 한 셈 치기로 했다. 그래도 허탈한 것은 어쩔 수가 없었다.

6
환대할 수 없는 **존재들**

　처음 운전석에 앉으면서는 손님과 어떤 대화를 나누어야 할지 많이 고민했다. 화제를 이것저것 준비하기도 했고, 성별이나 연령대에 따라 건넬 첫인사도 만들어두었다. 그런데 막상 그 자리에 앉자 입이 잘 떨어지지 않았다. 주로 어느 길로 가면 좋을지, 아니면 길이 막혀서 오래 걸리겠다든지, 그런 운전과 관계된 이야기만 제한적으로 하게 되었다.

　조수석에 앉은 차의 주인이 말을 건네면 반가이 화답하지만 그가 침묵하면 나도 침묵한다. 대화가 이어진다고 해도 그가 허락한 범위에서 주로 그친다. "아저씨는 몇 시까지 일하세요?" "자네는 교회 다니게 생겼는데 어딜 다니나?" "취미가 뭐예요?" 이처럼 손님이 정해 준 어느 공통의 화제를 두고 서로 이야기 나누고, 그 범위에서 잘 벗어나지 않는다. 그다지 사교적이라 할 수 없는 나의 성격도 한몫하겠지만, 운전 중 수다스러운 대리기사는 거의 보지 못했다.

말이 검열되고 통제되는 것처럼, 차 안에서의 모든 행위 역시 그렇게 된다. 그 무엇도 마음대로 할 수 없다. 손님이 있는 데까지 도착하고 나면 에어컨 바람이 간절해지지만, 차 안의 온도를 조절하는 것은 나의 몫이 아니다. 가만히 앉아 땀을 흘리면서, 차의 주인이 더위를 많이 타는 사람이기를 바라는 것이 고작이다. 에어컨뿐 아니라 라디오를 켜고 끄는 것도, 창문을 올리고 내리는 것도, 모두 차의 주인이 판단한다. 사이드미러나 백미러가 눈에 잘 들어오지 않아도 그럭저럭 운행할 수 있으면 웬만해서는 그대로 두고, 의자도 많이 불편하지 않으면 기울기를 조절하기보다는 몸을 빠르게 적응시키는 편을 택한다.

한번은 조수석에 앉은 차의 주인이 담배를 피우기 위해 직접 창문을 내렸다. 그러자 뒤에 앉은 그의 일행이 나에게 "아저씨, 왜 창문을 내려요? 빨리 닫아요" 하고 불쾌함을 표했다. 뭐라고 답해야 할까 고민하는 사이 차의 주인이 그에게 "내가 열었어 인마, 피우고 닫을게"라고 머쓱하게 말했다. 나는 그에게 "저는 여기에서 아무것도 건드리지 않습니다" 하고는 계속 운전했다. 마음 같아서는 "내가 안 열었어. 내가 뭐라고 감히 창문을 열겠어?" 하고 말해 주고 싶었다. 내가 조작할 수 있는 것은 운전대와 액셀, 브레이크, 아마도 이 세 개가 전부다.

이처럼 타인의 운전석에 앉으면 거기에서의 대화뿐 아니라 거의 모든 행위 자체가 철저히 검열되고 통제된다. 운전석은 차의 주인에게 정밀하게 맞춰진 공간이고 거기를 훼손해서는 안 된다. 나는 그의 소중한 공간을 잠시 점유하기 위해서 온, 말하자면 누군가에게 환대받을 수 없고 누군가를 환대할 수 없는 존재다.

주체에 따라 달라지는 '환대'의 방식

반면 같은 '운수업'에 종사한다고 할 수 있는 택시 기사들의 태도는 많이 다르다. 택시에서 말하는 주체는 거의 언제나 택시 기사다. 그들은 대리기사와 달리 먼저 화제를 이끌어내려고 노력하고 대화를 주도해 나간다. 타인에게 공감을 이끌어내기 힘든 정치적 발화나 여러 내밀한 이야기도 서슴지 않는다. 특히 자신의 정치적 성향을 밝히며 동의를 종용하는 일도 많다. 그에 따라 어떤 논쟁이 벌어지는 일도 흔하다. 가끔은 멘토 역할을 자처하며 훈계를 하는 이들도 있어서, 오히려 조수석의 손님이 수동적인 존재가 된다. 택시 기사에게 좋아하는 라디오 방송을 틀어달라거나 에어컨 온도를 낮춰달라고 말하기는 어렵다. 나는 택시를 타면 창문을 열고 닫는 것도 괜히 눈치가 보여 어서 목적지까지 가면 좋겠다는 생각만 하곤 한다.

택시 기사와 대리기사는 운전석이라는 같은 공간에서 이처럼 서로 다른 종류의 인간이 된다. 그러나 이것은 어느 한편이 특별히 수다스럽거나 사교적이지 못해 벌어지는 일은 아니다. 단순히 서로의 운전석이 너무나 다르기 때문이다. 택시 기사에게 운전석이란 온전히 자신만의 공간이다. '개인택시' 기사들에게는 더욱 그럴 것이다.

손님이 조수석에 오르는 순간, 택시 기사는 그를 초대한 '공간의 주인'이 된다. 그래서 거기에서의 모든 주도권을 자연스럽게 자신이 가져오는 것이다. 대화뿐만 아니라 라디오, 에어컨, 창문 등, 내부와 외부의 모든 것을 자연스럽게 통제해 나간다. 자기 방식대로 운전하다가 다른 운전자와 싸움이 나더라도 어쩔 수 없다. 하지만 대리기사에게 운전석이란 온전한 타인의 공간이다. 손님이면서도 주인의 역할을 잠시 대리하기 위해 침입/침투한 불편한 존재가 된다. 그러한 감각이 자연스럽게 모든 행위를 검열하고 통제하게 만든다. 그러니까, 자신이 어느 공간에서 주체로서 존재한다는 감각, 바로 그것이 저마다의 행동양식을 결정하게 되는 것이다.

사람과 사람은 장소에서 만난다. 그리고 초대한 사람이 초대받은 사람에게 먼저 말을 건네는 것으로 '환대'가 시작된다. 집에서든 사무실에서든 아니면 익숙한 식당에서든, 자신의 영역이라고 생각되는 장소에서는 모두가 초대한 사람, '주인'이 된다. 그래서 날씨가 더운데 오는 길이 힘들지 않았는지, 여기는 어떤 음식이 맛있으니 먹어보자든지, 그렇게 주체에게만 허락된 발화를 자연스럽게 할 수 있다. 자연스럽게 타인에 대한 환대를 고민하게 되는 것이다. 택시 기사의 '오지 랖' 역시 어쩌면 환대의 한 방식이다.

그러고 보면 누구에게나 언제 어느 상황에서든 주체로서 존재해야 할 소중한 공간이 있다. 나의 어머니는 내가 어린 시절에 친구의 집에 놀러 갈 때면 냉장고 문을 함부로 열지 말 것을, 그리고 그 부모님이 주무시는 안방의 침대에는 절대 올라가지 말 것을, 몇 번이고 주지시키곤 했다. 그러면서 자신의 재봉틀과 아버지의 서재 주변에는 웬만해서는 어린 나와 동생이 오지 못하게 했다. 어머니 역시 자신의 공간에서 주인이 되고 싶어 했고, 그에 따라 타인의 공간을 존중해 주었던 것이다.

운전석에 앉은 대리기사는, 그래서 외롭다. 조수석에 앉은 차의 주인도 함께 외롭고 민망할 것이다. 주인은 손님이 되고 손님은 주인의 역할을 대리하며, 그렇게 서로의 가면을 바꿔 쓰고 목적지까지 간다. 이러한 관계의 역전은 모두 겪어본 바가 없고, 그래서 어떻게 상대방을 환대해야 할지 아무도 알지 못한다. 카카오드라이버의 홍보 영상에 등장하는 기사와 손님의 표정은 그러한 위화감을 잘 드러내고 있다. 아마도, 세상에서 가장 어색한 공간에서 마주한 이들이 지을 수 있는 복잡한 표정일 것이다.

그래도 '환대'는 가능하다. 언젠가 자신을 관악구의 경찰공무원이라고 소개한 이는 나에게 "선생님의 차라고 생각하고 편안히 운전해 주십시오. 잘 부탁드립니다"라고 했다. 그것은 그 공간에서 일어날 수 있는 가장 역설적인 발화이자, 그 뒤틀린 공간의 주체가 베풀 수 있는 가장 큰 방식의 환대였다. 여전히 운전대와 액셀과 브레이크를 조작하는 일이 내가 할 수 있는 일의 전부였지만, 나는/우리는 그 어느 때보다도 조금은 더 편안히, 목적지까지 운전했다.

그는 가는 동안 기아타이거즈의 야구 경기를 DMB로 보면서 마무리로 등판한 임창용을 응원했다. 그가 넥센히어로즈를 응원하고 있었다면, 나는 아마도 그에게 먼저 말을 건넸을지도 모르겠다.

"혹시 넥센히어로즈 좋아하세요?"

그날은 마음속으로 난생처음 기아타이거즈를 응원하면서, 그렇게 신림동까지 갔다.

계속 악몽을 꾼다   2016. 6. 30.

브레이크를 아무리 밟아도 차가 서지 않았다. 차선을 이리저리 바꾸다가 결국 앞차 두 대를 들이박고, 나는 밖으로 튕겨 나갔다. 옆에 누가 있었는 지는 잘 기억나지 않는다. 아무래도 손님은 아니었던 것 같다. 벌써 세 번째 같은 꿈이다.

 꿈에서 안마를 받았다   2016. 9. 26.

요즘 몇 주 동안 꿈에서 계속 알림이 울린다. 요란한 진동이 오고 강남까지 얼마, 남양주까지 얼마, 원주까지 얼마, 이런 대리운전 콜이 들어온다. 나는 꿈에서도 그걸 누르려고 안간힘을 쓰거나 아니면 "이건 가야 해. 아니야, 이건 너무 싸" 하고 평가를 하고 있다. 자고 일어나도 별로 잔 것 같지가 않다.

어제도 꿈에서 밤새 운전을 했다. 어렴풋이 이제 깨어날 때가 된 것 같았는데 어느새 원주로 가는 택시를 타고 있었다. 택시 기사가 내 조수석 등받이를 젖혀주면서 "이 택시에는 안마 기능이 있습니다. 그래서 피곤하신 분들이 많이 이용한답니다"라고 했다. 그러면서 한숨 자라고 했다. 꿈에서 처음 안마를 받아봤다. 그런데 무려 시원하기까지 해서, 자면서 다시 잠들었다.

택시가 너무 좋아서 기사님 전화번호 좀 주세요, 해서 받았는데 기억이 안 난다. 뭐랄까, 세상에 한 대밖에 없을 것 같은 그런 택시였다. 가끔 꿈속에 찾아와서 나 좀 재워주고 그러면 좋겠다.

7
이제 다시는 괴물에 **잡아먹히지 않을 것이다**

가장 익숙한 길에서 가장 완벽한 타인이 되다

어느 날 늦은 저녁에 들어온 '콜'을 보고, 가야 하나 말아야 하나 오래 고민했다. 핸드폰 화면에 알림이 떠 있는 시간은 불과 2~3초이지만 아주 길게 느껴졌다. 그러는 사이에 알림은 곧 사라졌다. 그제야 '이 멍청이' 하는 후회를 했다. 그 콜의 목적지는 내가 스무 살 때부터 작년 겨울까지 15년 동안 몸담았던 '○○대학교'였다. 정확히는 그 대학의 학생이나 교직원들이 많이 거주하는 아파트였다.

가고 싶지 않은 곳이라고 해야 할까, 아니면 갈 수 없는 곳이라고 해야 할까, 나는 잘 모르겠다. 이제는 대학 연구실에서 밤새 1차 자료를 보고 논문을 쓰던 일이, 강단에서 학생들과 마주하던 일들이 모두 꿈처럼 아득하다. 내가 언제 저기에 있었나 싶을 만큼 오래된 이야기 같다. 집에서 나와 왼쪽 도로를 타면 서울로, 오른쪽 도로를 타면 대학으로 간다. 나는 오른편을 내 지도에서 완전히 지워버렸다. 거기에는 아무것도 없다, 그렇게 애써 생각한다. 하지만 어쩌다 오른쪽 도로를 탈 일이 생기면 다음 수업이 몇 시였지, 논문을 몇 쪽까지 썼더라, 하는 생각들이 어느새 나를 감싼다. 이것은 오랜 시간 동안 익숙해진 몸의 감각이라서 어쩔 도리가 없다.

대리운전으로든 무엇으로든, ○○대학교 근처에는 가고 싶지 않았다. 간신히 눌러둔 감각들이 어떠한 방식으로 다시 깨어날지 두려웠다. 그런데 막상 콜을 받고 보니, 굳이 가지 못할 이유도 없었다. 나는 웃으면서 미련 없이 교문 밖으로 걸어 나왔다. 나를 둘러싼 주변인들에 대한 원망도 있었지만, 대학이 구축한 지금의 시스템에서는 학생, 강사, 교수, 교직원 모두가 '을'이며, '피해자'가 될 수밖에 없음을 알았다. 그래서 홀가분하게 '안녕'을 고한 것이다.

요란한 진동과 함께 다시 알림이 들어왔다. 아까 그 콜이 기사를 찾지 못하고 다시 한 번 왔다. 차라리 잘됐다고 생각하면서, 나는 '수락' 버튼을 눌렀다. 손님에게 가는 동안 내가 잘한 건가, 혹시 아는 사람이 아닐까, 하고 혼란스러웠다. 몸이 차갑게 식고 신경이 곤두섰지만 그래도 꾸역꾸역 목적지를 향해 빠르게 걸었다. 손님은 40대 남성이었다. 다행히 대학원생이거나 강사, 아니면 교직원, 교수도 아니었다.

대학의 냄새는 누구에게나 짙게 밴다. 표정에도, 목소리에도, 나 대학에 있다, 하는 것이 묻어난다. 그에게는 그러한 표시가 없었다.

손님을 차에 태우고 오른쪽 도로에 올라섰다. 작년 겨울까지 수없이 왕복했던 그 잊혀진 길에, 다시 올랐다. 그러고 보니 내가 "죄송합니다 사장님, 제가 길이 좀 익숙지가 않아서 내비게이션을 좀 켜겠습니다"라고 말하지 않아도 되는 유일한 길이었다. 가는 길에 신호등이 몇 개 있는지, 어느 구간에 단속 카메라가 있는지, 아니면 어느 정도의 힘으로 액셀을 밟으면 한 번도 신호를 받지 않고 모든 건널목을 통과할 수 있는가 하는 것까지, 내 몸은 여전히 모두 기억했다. 하지만 더 이상 나를 위한 길이 아니었다. 나는 그 어느 때보다도 가장 완벽한 타인으로 도로 위에 있었다.

대학교 앞 정류장, 여권 없이 어느 국경지대에 서다

아파트에 도착해 운행을 종료하고 얕은 언덕길을 따라 내려왔다. 두 개의 골목을 지나는 동안, 익숙한 간판들을 애써 외면하면서 걸었다. 빨리 버스 정류장으로 가고 싶은 마음뿐이었다. 나는 더 이상 이 거리의 주인이 아니었고, 어떤 추억을 되살리고 싶지도 않았다. 그래서 서둘러 거리에서 벗어났다.

아직 막차가 남은 시간이었다. 정류장에 앉아서 버스를 기다리는 동안, 학교에서 막차를 타고 퇴근하던 기억이 조금씩 되살아났다. 그

내가 가장 합리적인 공간으로 믿었던 '대학'도 역시 우리 사회의 욕망을 최전선에서 대리하는 공간일 뿐이었다. 거기에서 나는 괴물이 되기 위한 경쟁에 내몰렸다가 밀려났다. 그 이전에 스스로 한 발 물러서는 연습을 했다면 나와 내 주변인들의 모습이 어떻게 변해 있는지 조금 더 빨리 알아차릴 수 있었을 것이다. 하지만 나는 그렇게 주체로서 한 발 떼어놓을 만한 특별한 인간이 되지 못했다.

것을 애써 지우며 아직 20분이 남은 다음 버스를 기다렸다. 그러면서 좋든 싫든, 도로 건너편에 모습을 드러낸 학교와 한동안 마주할 수밖에 없었다.

학교는 어둠 속에서 그 거대한 몸을 잔뜩 웅크리고 있었다. 그 모습은 외부인의 침입을 허락하지 않을 요새, 아니면 성채처럼 내게 다가왔다. 모든 것을 단단히 걸어 잠근 괴물처럼 보이기도 했다. 그 안에 존재할 때 나는 대학이 누구든 환대할 수 있는 공간이라고 믿었다. 도서관에서 책을 빌리고, 학생식당에서 밥을 먹고, 노천극장에서 호수를 바라보고, 운동장의 트랙을 걷는 일이, 모두에게 가능한 일이라 여겼다. 하지만 아무 관계 없는 타인이 되어 바라본 대학의 울타리는 높았다. 내가 저기에 들어가도 되나, 하는 생각이 우선 드는 것이었다.

봄과 가을이 되면 학교에는 지역 주민들이 많이 찾아왔다. 벚꽃과 은행나무를 보기 위해서다. 노란 은행잎으로 학교가 뒤덮일 때면 길에는 외부인들이 더욱 많았다. 나도 아내와 아이와 함께 그 길을 걸었다. 그러면서 돌이 채 지나지 않은 아이에게 "여기가 아빠의 직장이야"라고 속삭여 주었다. 한 손에는 내가 이 학교의 구성원임을 증명할 만한, 학교 마크가 새겨진 커다란 봉투를 굳이 든 채였다.

나는 대학을 둘러싼 '울타리'의 존재에 대해서 사실 알고 있었다. 지역 주민들이 보고 만질 수 있는 것은 벚꽃과 은행잎뿐이라는 것을, 그리고 몇몇 프랜차이즈 음식점을 이용하는 것이 고작임을 누구보다도 잘 알았다. 도서관은 학생증 없이 통과할 수 없고, 그 외의 모든 시설은 잘 은폐되어 있다. 나는 지역 주민과 구별되기 위해, 울타리 안의 사람임을 증명하기 위해 학교 마크를 높이 들었는지도 모른다. 교문 안에 들어서면 우선 마음이 편안했고, 특히 연구실에서는 무엇이든 할 수 있을 것만 같았다. 나는 거기에 취해서 학교를 온전한 '나의 공간'으로 믿었다.

그런데 외부에서 타인이 되어 바라본 대학의 울타리는, 그 자체로 하나의 폭력이었다. 여권 없이 어느 국경지대에 선 기분이었다. 교문 안에 들어서기라도 하면 난민, 그러니까 불법체류자가 될 것만 같았다.

그리고 보면 학교는 외부인뿐 아니라 나 역시 별로 환대한 일이 없다. 나는 학생이면서 노동자였지만, 서류에 존재하지 않는 유령이었다. 행정조교로 4년, 시간강사로 4년을 일하는 동안, 나는 한 사람의 노동자이자 사회인으로 존재할 수 없었다. 우리가 아는 여러 사회의 상식은 대학의 울타리를 넘지 못했다.

결혼을 앞두고 대출을 받으러 간 은행에서는 '재직증명서'가 필요하다고 했다. 나는 그때 강의를 하고 있었고 ○○대학교 명의의 급여를 받고 있었다. 그러나 대학본부에서는 당신은 재직증명서 발급 대상자가 아니라며 대신 '강의경력증명서'를 발급해 주었다. 그것을 은행에 가져다주자 담당자는 이게 무엇이냐며 웃었다. 나는 대출 상담 창구에 앉아서 나오려는 눈물을 겨우 참았다. 결국 나는 내가 노동자임을 증명할 수 없었다. 돌이켜보면, 나는 대학의 '대리인간'일 뿐이었다.

스스로 한 발 물러서는 일은 주체만이 할 수 있는 행위다

대학은 그 어느 기업보다도 더 기민하게 신자유주의의 논리에 영합해 왔다. 최근 논란이 된 프라임 사업을 비롯해 에이스 사업, CK 사업 등, 최근의 대학 정책이 모두 '대학의 기업화'와 관련이 있다. 대학은 어쩌면 우리 사회의 욕망을 최전선에서 '대리'하는 공간일 것이다. 그리고 그 공간에서 나는 그 대리인으로 아주 오래 존재했다. 그렇게 나를 주체로 믿으면서도 단 한 번도 스스로 물러서서 나의 공간을 바라보지 못했다.

대리사회의 괴물은 개인에게 주체로서 자신을 정비할 수 있는 여유를 허락하지 않는다. 그 누구도 자신이 속한 공간에서 한 걸음도 뒤로 물러설 수 없게 만든다. 자신의 눈으로 공간을 바라볼 수 없게 만든다. 그리고 그것을 '패배'로 규정한다. 자신을 주체로 믿던 누군가 밀려나고 나면 그를 잉여, 패배자로 규정하고는 곧 다른 대리인간을 세운다. 나는 대학을 우리 사회의 가장 합리적이고 상식적인 공간이라고 믿었고, 그것을 의심해 본 바가 없다. 하지만 여러 이유로 밀려나고서야, 그 맨얼굴과 마주했다.

스스로 한 발 물러서서 타인의 눈으로 자신의 공간을 바라보는 일은 절대로 패배가 아니다. 오히려 괴물에 잡아먹히지 않은 주체들만이 할 수 있는 가장 어려운 행위다. 그러고 나면 다시 앞으로 나아갈 수 있다. 행동과 말은 통제되더라도 사유하는 주체로서 존재할 수 있다. 그것을 아주 어렵게 배웠다.

그 후로도 몇 번 더 ○○대학교에 갔다. 대학은 여전히 괴물처럼, 자신을 그 공간의 주체라고 믿는 이들을 조용히 감싸고 있었다. 나는 이제 웃으면서 일어나 버스에 오른다. 밀려나고서야 물러서는 법을 배운 부족한 한 인간은, 다시 타인의 운전석에 앉을 준비를 한다. 이제 다시는 괴물에 잡아먹히지 않을 것이다.

썩어버린 먹물들, 안녕히　　　　　　　　　　　　　　　2016. 6. 14.

대리기사 카페에서 지역 사람인 S를 만났다. 나보다 네 살이 많고 대형 마트에서 일하는 사람이다. 나처럼 5월 말부터 대리운전을 시작했다고 한다. 일을 하는 동안 카카오톡으로 정보를 공유하기로 했다. 요즘은 아내보다 S와 더 많이 연락을 주고받는다. 오늘은 몇 콜이나 받았는지, 어디에서 걸고 있는지, 퇴근은 언제 할 건지, 얼마나 벌었는지, 서로 궁금한 게 많다. 콜을 기다리는 동안에는 이런저런 잡담도 많이 나눈다. 그게 많은 힘이 된다.

오늘은 S가 자신이 대리운전을 시작한 것을 사장님께서 아시게 되었다고 했다. 친한 부점장에게 이야기했더니 그가 사장님께 이야기했다고 한다. 나는 그래서 어떤 반응일까 궁금했다. 그런데 그는 사장님께서 걱정하시며 월급을 올려주셨다며 기뻐했다.

내가 만약 대학원에 있을 때 친한 선배에게 그런 이야기를 했고, 그것이 나름 후배들을 이끌어야 한다는 강박감을 가지고 있던 어느 선배의 귀에 들어갔다면, 가까운 시일 내에 자리가 마련되었을 것이다. 너 뭔가 착각하고 있는데, 그래서 논문 쓰겠냐, 그 시간에 논문을 한 줄 더 써, 한심하다, 교수님들은 아직 모르시니까 일 빨리 그만두고.

상식은 언제나 대학 바깥에 있다. 고인 먹물들, 그래서 썩어버린 검은 물들, 안녕히.

8
손님의 **품격**

아가씨가 없으면 노래가 안 된다

파주에서 만난 첫 손님은 노래방에서 막 나온 참이었다. 40대 남성인 그는 기분 좋게 차에 올라타고는 오늘 아가씨들이 괜찮아서 잘 놀았다고 만족스럽게 말했다. 나는 아아, 그러셨군요, 즐거우셨겠습니다, 하며 교하신도시로 출발했다. 어디가 어떻게 괜찮았습니까, 하고 물어볼 수도 없는 것이고 그도 굳이 어떻게 잘 놀았는지 더 설명하려 하지 않았다. 웬만하면 손님이 처음 꺼낸 화제를 이어가려고 하지만 별로 그러고 싶지 않았다. 그가 어디에서 무엇을 했든 내가 할 일은 그를 목적지까지 안전하게 데려다주는 데 있으니, 운전에 집중했다.

가는 동안 그는 나에게 아이가 있느냐고 물었다. 그래서 세 살짜리 아이가 하나 있고, 대리운전으로 분유와 기저귀 값을 보태고 있다고 답했다. 그는 웃으면서 열심히 사신다며 나를 격려했다. 아이가 있는지 궁금해한 손님들은 대개 비슷한 반응을 보인다. 그런데 그는 자신도 고등학생 딸이 있다면서 얼마나 사랑스러운가에 대해 이야기했다. 노래방 도우미에서 사랑스러운 딸로 키워드가 옮겨 가는 것이 몹시 자연스럽지는 않았지만, 우리는 가족에 대해 이야기를 나누었다. 주차장에 차를 세우고 작별 인사를 하자 그는 나에게 열심히 삽시다 화이팅, 하는 제스처를 취해서 나도 네네, 화이팅, 하고 손을 들었다. 파주에서 만난 첫 손님은 그렇게 강렬한 인상을 주었다.

며칠 뒤 카카오 고객센터에서 전화가 걸려왔다. 나에게 어느 날 몇 시 몇 분에 파주 금촌에서 교하로 운행하지 않았느냐고 묻고는, 손님이 평소보다 2천 원이 더 나왔다며 그만큼의 환불을 요구했다고 말했다. 나는 그가 누군지 선명하게 떠올랐고, 곧 화가 났다. 도와주는 이가 없으면 노래를 부르기 힘든 사정이야 내 알 바 아니지만, 그만한 비용은 잘도 지불하면서 고작 2천 원의 대리비를 환불받으려고 하는 것이 괘씸했다. 그래서 "저는 카카오에서 제공하는 내비게이션에 따라 운행했고, 그 가격은 제가 아니라 카카오에서 나름의 시스템에 따라 매긴 것이잖아요. 저는 환불에 동의할 수 없습니다"라고 했다.

고객센터의 직원은 "네, 기사님은 정해진 경로로 운행하셨어요. 저희도 고객님께 다시 이야기해 볼게요" 하고는 전화를 끊었다. 나는 왠지 다시 전화가 오지 않을 것이고, 그 손님은 차액을 환불받는 것으로 일이 마무리되지 않을까, 생각했다. 그리고 그것은 곧 현실이 되었다. 나에게는 아무런 상의 없이 운행 요금이 1만 9천 원에서 1만 7천 원으로 변경되어 있었다. 그래서 카카오 고객센터에 처음으로 직접 전화를 했다. 연결이 제대로 되지 않아 거의 30분 동안 몇 번이고 시도해야 했다.

나는 고객센터 직원에게 2천 원을 환불해 주었느냐고 물었고, 그는 그렇다고 했다. 내가 흥분해서 말을 이으려는데 그는 기사님께 그만큼의 돈을 부담하게 하지는 않을 것이라고 했다. 그러니까, 나의 운행 경로에는 이상이 없으니 카카오가 그 2천 원만큼의 손실을 안겠다는 이야기였다. 나는 무척 복잡한 심정이 되었다. 그 손님에 대한 분노는 조금 더 커졌지만, 이제는 노동자가 아닌 사용자의 입장이 되어 카카오의 고충도 들여다보게 되고, 그러다가 내가 누굴 걱정하나 싶어 스스로 측은해지고, 하는 것이었다.

나는 그 후로도 여러 번 '파주 손님'과 만났다. 어디에나 그가 있었다. 왕십리에서 만난 50대 남자 손님은 자신의 친구를 미사신도시까지 데려다주고 자신의 집인 잠실로 가자고 말했다. 가는 동안 그는 자신의 애인에 대해 이야기했는데, 오피스텔을 하나 마련해 주었다는, 그런 내용이었다. 친구는 네가 능력이 되니까 그런 것도 하는구나 그래그래, 하고 계속 맞장구를 쳐주었다. 나는 둘이서 대화를 이어나가니 그게 차라리 편해서 묵묵히 운전을 했다.

미사신도시를 거쳐, 다시 송파로 돌아와 손님을 내려주었다. 그런데 그가 요금을 보더니 너무 많이 나왔다고 하는 것이었다. 정확히 49분 동안 운행했고 미터기 정책에 따라 3만 4천 원이 부과되었다. 왕십리에서 잠실로 바로 갔다면 2만 원 내외가 나왔겠지만 경유지가 상당히 멀었다. 나는 그때 그가 비싸다고 하니까 비싼가 보다 하고 그에게 사과했다. 그는 나에게 카카오의 잘못된 요금 정책에 대해 불만을 토로하고는 굳은 얼굴로 집에 들어갔다.

그때는 운행 초기여서 잘 몰랐지만, 왕십리-미사신도시-잠실, 이렇게 이어지는 코스의 경유비를 생각하면 결코 비싼 가격이 아니었다. 1시간을 꼬박 운행하면 미터기에는 대략 4만 2천 원 정도 찍혀 나오니까 오히려 덜 나왔다고도 할 수 있는 금액이다. 다시 그를 만난다면 "저는 두 개의 콜을 수행한 것이나 마찬가지고 경유지를 생각하면 많이 나온 게 아니에요" 하고 말해 줄 것이다. 물론 마음의 소리로만 웅얼거릴 것 같지만, 그런 김에 "오피스텔에 계신 선생님 애인분께 한번 여쭤보세요"라고도 해주고 싶다.

여러 유형의 '진상 손님'을 만났지만, 자신이 유흥에 얼마나 돈을 잘 쓰는가를 자랑하다가 막상 몇천 원의 대리비를 두고 실랑이하는 손님들은, 잘 이해가 안 간다. '얄밉다'고 하는 것이 가장 알맞은 표현이겠다.

아이/아내와 나눠 먹으라며 빵을 한 아름 안겨주었던 누군가는, 자신이 가진 차의 '가격'보다도 훨씬 '품격'이 있는 손님으로 내 기억에 남아 있다. 그에 더해 "여기 높으니 버스 타고 가요" 하고 2천 원을 건네주었던 어떤 이는 자신이 가진 차의 가격과는 별개로 가장 품격이 있는 손님이었다.

좋은 손님의 품격 ① 빵 가져가요

'진상 손님'만큼 '좋은 손님'의 유형도 다양하다. 기사와 만날 즈음에 비상등을 켜두고 '나 여기에 있습니다'라고 알린다든지, 잘 부탁한다는 인사 정도를 먼저 건넨다든지, 내비게이션을 이미 '우리 집'으로 맞춰놓고 이대로 운행해 주시면 된다고 말한다든지, 하는 것이다. 사실 '나 찾아봐라' 하는 식으로 골목 어딘가에 숨어서 왜 자신을 못 찾느냐고 화를 낸다든가, 열쇠를 던져준다든가, 기사가 길도 모르냐고 면박을 준다든가, 그런 식으로 기사를 대하는 손님들이 많다. 이것은 그가 소유한 차의 가격과는 아무런 관련이 없고 온전히 그가 가진 품격이다.

사실 기사들이 가장 좋아하는 손님은 매너를 갖추고, 그에 더해 '팁'을 주는 이들이다. 나는 적게는 2천 원에서 많게는 2만 원까지 팁을 받아봤다. 신용카드로만 결제되는 카카오드라이버의 특성 때문에 팁을 받을 기회가 많지는 않았지만, 10명 중 1명 정도가 '차비', 혹은 "빵이라도 사서 들어가세요"라며 잔돈을 내밀었다.

가장 많은 팁을 준 손님은 BMW를 탄 30대 남자였다. 대리운전을 시작한 지 얼마 되지 않았고 부모님께는 말씀을 드리지 못했던 때다. 서울 집에 부모님과 함께 있던 도중 집 앞에서 1킬로미터만 운행하면 되는 콜이 나왔다. 이건 가야 해, 하면서 나도 모르게 수락 버튼을 눌렀다. 새벽에 어디를 나가냐는 어머니께 잠깐 동네 친구를 만나고 오겠다면서 집을 나섰다. 그런데 손님이 목적지를 잘못 누른 것이었다.

그렇다고 해도 5분만 운행하면 되는 거리였지만, 양화대교를 넘어가야 했다. 오래 집을 비울 수가 없어서 손님에게 배정을 취소하고 다른 기사를 불러주기를 부탁했다. 그러자 그는 나를 붙잡으면서 "정말 죄송합니다. 혹시 제가 택시비를 조금 더 드리면 어떨까요?" 하고 물었다. 무척 예의 바르고 정중한 목소리였고, 무엇보다도 택시비라는 단어가 나를 잡아끌었다. 그를 데려다주고 택시를 타고 들어가면 나도 더 편할 것이었다. 그래서 시동을 걸었다.

그는 집에 가면 세 살배기 아이가 기다리고 있다고 했다. 그래서 나도 어, 저도요, 하고 말을 받았다. 놀랍게도 우리 둘은 같은 나이였다. 그가 돈을 벌어다 주는 건 우리인데 아이가 엄마만 찾으니까 되게 얄미워요, 해서 나는 네네, 맞아요, 하고 맞장구를 쳤다. 그가 한번은 아이 코를 몰래 비틀었다가 아내에게 엄청 등짝을 맞았다고 해서, 함께 웃으면서 양화대교를 건넜다. 주차를 하고 운전석에서 내리자 그는 나에게 이게 택시비가 될지 모르겠어요, 하면서 2만 원을 건넸다. 택시비치고는 너무 많았다. 이걸 받아도 되나 고민하고 있는데 돈을 쥐어준 그는 잠시만요, 하고는 뒷좌석에서 무언가를 주섬주섬 꺼냈다. "이거 소문난 빵집에서 샀는데 너무 많이 샀어요. 가서 아내하고 나눠 드세요" 하면서 빵을 한 움큼 나에게 안겨주었다.

택시를 타고 빵을 한 아름 들고, 나는 집에 들어왔다. 어머니가 대체 누가 이 시간에 만나서 빵을 주느냐고 하기에 그런 친구가 있어요, 하고는 얼버무렸다. 택시비로 받은 팁 2만 원보다도 그가 나눠 준 빵이 참 고마웠다. 그는 자신의 BMW보다도 훨씬 품격 있는 손님으로 내 기억에 남아 있다.

좋은 손님의 품격 ② 버스 타고 가요, 여기 높아요

얼마 전에는 첫 콜을 타고 역곡에 들어갔다가 시흥, 부천, 부평을 계속 돌았다. 예전에는 역곡으로 들어가면 다시 지하철을 타고 합정으로 복귀하기 바빴지만, 이제는 공항철도가 있는 계양역까지 일을 하면서 조금씩 가까워지는 편을 택한다. 막차 시간인 12시 30분까지 대략 도착해서 인천국제공항에서 출발하는 공항철도를 타고 홍대입구로 돌아오면 된다. 그러면 다시 서울 강북을 거점으로 새벽까지 계속 일할 수 있다.

그날 부천에서 만난 50대 남성은 몹시 낡은 차를 타고 있었다. 허름한 옷을 입고는 나에게 "아저씨, 차가 많이 낡았죠, 허허" 하고 사람 좋게 웃어 보였다. 나는 아닙니다 선생님, 하고는 시동을 걸고 그의 아파트로 출발했다. 가는 동안 그가 나에게 힘들죠, 하고 물어서 나는 아니에요, 즐겁습니다, 하고 답했다. 그는 나를 보며 젊어서 좋네, 하하, 하고 크게 웃었다. 나도 "네네, 아직은 뭐든지 할 수 있을 것 같습니다" 하고 말을 받았다. 그는 집에 있는 자신의 딸에 대해 이야기했다. 결혼할 생각이 없다는 20대 딸이 어쨌든 참 예쁘다는 것이었다. 대리기사를 호출하는 애플리케이션도 딸이 아침에 설치해 주어서 처음으로 사용해 보았다고 했다. 써보니 좋다며 다시 딸 자랑을 했다. 나도 막 세 살이 된 아들과 배 속에 또 하나가 있다고 하자, 그는 아이고, 돈 많이 버셔야겠네, 하고 다시 웃었다. 그래서 나는 어디서 뭘 하든 제 가족은 책임질 수 있을 것 같아요, 아이가 빨리 태어나면 좋겠습니다, 하고 말했다. 그는 다시 기분 좋게 웃었다.

손님의 아파트는 골목으로 들어가서도 다시 한참을 올라간 후에야 나타났다. 내려가려면 애 좀 먹겠다, 싶었는데 그는 뒤춤에서 지갑을 꺼내 나에게 천 원짜리 두 장을 내밀었다. 그러면서 아직 마을버스가 다닐 테니 그걸 타고 여기에서 내려가라고 했다. 내가 이걸 받아야 하나 어쩌나 고민하는 사이에 그는 "아저씨를 보니까 내가 힘이 나서 그래요. 기분이 좋아요. 열심히 삽시다, 우리" 하고는 돈을 내 손에 쥐어 주었다.

나는 버스를 타지 않고 그 언덕을 걸어 내려왔다. 왠지 그래야 할 것 같았다. 가방에는 이전 손님이 굳이 편의점까지 끌고 들어가 사준 음료수 한 병도 들어 있었다. 음료수를 꺼내 마시고 돈은 주머니에 다시 넣었다. 언젠가 셔틀을 타야 할 때 보태기로 했다.

"차가 많이 낡았죠" 하고 웃던 그는, 차의 '가격'과는 별개로 내가 만난 가장 '품격' 있는 손님이었다. 대리기사와 자신을 함께 주체로 만들었다. 그러한 힘은 상대방의 처지에서 공감하고 또한 경청하는 데서 나온다. 하지만 어떤 이들은 대리기사와 자신을 함께 대리로 격하한다. 사람과 사람 사이에 보이지 않는 선을 긋고 하대하지만 결국 자신도 그 밑에 존재함을 알지 못한다.

　'파주 손님'을 곳곳에서 만나듯 '부천 손님'도 언제나 주변에 있다. 그래서 나는 오늘도 울고 웃으면서, 그래도 슬픔은 곧 닦아내고 웃음은 오래 간직하려고 애쓰면서 거리를 누빈다. 나를 주체로 환대할 품격 있는 손님을 기대하면서, 타인의 운전석에 앉는다.

가장 무서웠던 손님

대리운전을 하면서 제일 무서웠던 사람은 나에게 욕을 하거나, 하대하거나, 만취했거나 하는 부류가 아니다. 별로 취하지도 않았고 매너도 괜찮았던 그는, 나에게 정말 무서운 말을 건넸다.

"제 차가 오래돼서 브레이크가 잘 안 잡힙니다, 하하하."

나는 설마 농담이겠지, 하고 아아 그렇군요, 대답하고는 운행을 시작했다. 그리고 브레이크를 평소보다 조금 힘주어 밟았는데 차가 서지 않았다. 어, 어, 하는 동안 차는 계속 밀리고 앞차와 간격을 정말 손가락 몇 마디 남겨두고 간신히 섰다. 차가 서자마자 나는 고개를 휙 돌려 손님의 얼굴을 쳐다보았다.

그에게 아니, 이 양반이 누구 인생을 망치려고, 나 운전 못 해, 내릴 거야, 하고 화내고 싶었다. 그 짧은 시간 동안 우선 집에 있을 가족이 떠올랐다. 그래서 순수한 분노가 일었다. 나는 나를 기다리고 있을 가족에게 안전하게 돌아가고 싶다. 하지만 "저 이거 진짜……안 먹는군요"라고 하는 것이 고작이었다. 그러자 그는 "네네, 좀 미리 더 세게 밟으시면 됩니다" 하고 답했다. "아, 예……미리, 세게, 알겠습니다."

얼마나 브레이크를 세게 밟아댔는지 차에서 내려서는 발가락부터 허벅지까지 아팠다. 다시는 만나고 싶지 않다.

9
모든 인간은 주체로서 아파하고 **주체로서 절망한다**

그의 얼굴을 보지 않았어야 했다

운전을 하는 동안 '진상'을 만날 것이라는 걱정이 언제나 있었다. 술에 취한 사람들을 상대하는 일이다 보니 어떤 일이 일어날지 도저히 알 수 없는 것이다. 대리운전 기사들의 온라인 카페에는 진상 손님을 만나 폭언을 들었다든지, 아니면 폭행을 당했다든지, 그러한 글들이 꾸준히 올라온다. 일을 나갈 때마다 아내는 나에게 "조심해요"라고 하는데, 그건 운전보다도 아마 사람을 조심하라는 의미일 것이다.

핸드폰 바탕화면에 녹음 단축 아이콘을 일부러 빼두었다. 운전을 하다가 어떤 억울한 일을 당하면 그것을 누르기 위해서다. 내가 나를 위해 준비한 유일한 보호 장치다. 하지만 다행히 아직 핸드폰 녹음 기능을 사용한 일은 없다. 내가 운이 좋았던 것인지 아직 나를 적대시하는 손님을 만나지 않았다. 대개는 호의적이거나 아니면 무관심하거나 둘 중 하나였다. 내가 길을 잘 찾지 못해서 "아, 이 양반, 답답하네" 하고 화를 낸 손님이 서넛 있긴 했지만 그것은 운전을 제대로 못한 나의 잘못이다.

그런데 손님 때문에 화가 났던 일이 몇 번 있다. 나에게 폭언이나 폭행을 했던 것은 아니지만, 나는 지금도 그들이 많이 밉다.

어느 날 새벽 1시가 넘은 시간에 더 이상 콜도 없고 해서 집을 향해 걸었다. 그래도 혹시 콜이 들어올지 모른다는 생각에 한 손에 핸드폰을 꼭 쥐고는 바라보면서 계속 걸었다. 집까지 대략 30분쯤 남겨두었을 때, 근방 3킬로미터에서 콜이 들어왔다. 목적지가 나의 집 근처였다. 그래서 나는 반사적으로 수락 버튼을 눌렀다. 우선 뛰다가 그날따라 다리가 꺾일 만큼 힘들어서 지나가는 택시를 잡아탔다. 기본요금 정도만 내면 될 것이니 대리비를 받으면 남는 장사인 것이다.

택시를 타고 손님에게 전화를 했다. 그런데 그는 나에게 "아저씨, 왜 이렇게 늦어요?" 하고 물었다. 콜을 받은 지 2분도 지나지 않은 때였다. 나는 그에게 택시를 탔고 3분 내로 도착할 것이라고 답했다. 그는 알겠다며 전화를 끊었다. 그런데 채 1분이 지나지 않아서 '손님의 위치가 멀어졌다'는 알림이 떴다. 이건 그가 어디론가 이동 중이라는 것을 의미한다. 전화를 해도 그는 받지 않았다. 택시를 타고 그가 콜을 부른 자리로 갔지만 거기에는 아무도 없었다. 아마도 두 개 이상의 대리운전 콜을 불렀을 테고, 먼저 온 기사가 그의 차를 운전했을 것이다. 덕분에 나는 집에서 3킬로미터만큼 더 멀어졌다. 그때는 정말이지 눈물이 날 만큼 화가 났다. 그 후로도 몇 번 비슷한 일을 겪었다.

두 개 이상의 대리운전 회사에 전화를 하고 먼저 오는 기사와 함께 가는 손님들이 있다. 내가 먼저 도착하든, 늦게 도착하든, 몹시 화가 났다. "아이고, 아저씨가 먼저 오셨네, 갑시다" 하는 그들에게 "그러지 마세요. 당신 때문에 누군가는 여기로 뛰어오고 있어요" 하고 말해 주고 싶었다. 하지만 그 말은 입안에서만 맴돌았고, 결국 나는 언제나 목적지까지 그들을 태워다 주었다.

한번은 새벽에 젊은 커플을 태우고 막 출발하는데 그들에게 계속 전화가 왔다. 받지 않기에 이상하게 생각했는데, 근처 사거리에서 중년의 대리기사 한 명이 전화를 하며 주위를 계속 두리번거리고 있었다. 코너를 돌면서 그의 얼굴을, 보지 않았어야 했다. 분노도, 절망도, 허무함도, 그 무엇도 아니면서 더욱 아픈 어떤 감정이 그 찰나의 순간에 그대로 전해졌다. 한 집안의 가장임이 분명할 그는 차의 백미러에서 조금씩 멀어져 갔다. 그러는 동안에도 전화가 몇 번이고 다시 왔다. 나는 차를 세우고 차의 주인에게 욕을 해주고 싶었다. 하지만 동시에 내가 먼저 와서 다행이잖아, 하는 감정이 조금씩 밀고 올라왔다. 나도 아내와 아이가, 내가 돈을 벌어서 돌아오기를 기다리고 있는 것이다. 차의 주인도, 운전을 하고 있는 나도, 동시에 혐오스러워서 나는 묵묵히 운전을 했다. 목적지에 도착해서 그들에게 따로 인사를 하지 않고, 말없이 내렸다.

이것은 우리 일상의 갑질이다

서울에서는 홍대입구에서 점심을 먹는 도중에 홍대 클럽에서 강남 모 호텔까지 1만 원에 콜이 나왔다. 밥을 먹는 도중이기도 했고 그 가격에 운전을 하고 싶지는 않았다. 수수료와 교통비를 생각하면 최저 시급도 안 될 것이다. 대리운전을 시작한 지 두 달이 막 된 때였는데, 내가 생각하는 적정 가격은 2만 5천 원이었다. 조금 시간이 지나서 1만 5천 원, 다시 2만 원으로 가격이 올랐다. 나는 일행에게 농담 삼아서 이거 3만 원이 넘으면 제가 다녀올게요, 하고 말했다. 곧 2만 3천원, 다시 2만 8천 원으로 가격이 바뀌었다. 손님이 직접 가격을 입력할 수도 있고 프로그램에 가격 산정을 맡길 수도 있는데, 2만 8천 원은 거리와 시간에 따라 프로그램이 산정한 업계의 적정 가격이었다. 그래도 가겠다는 사람이 없자 3만 원까지 가격이 올랐다. 나는 그때 마침 밥을 다 먹기도 해서 수락 버튼을 눌렀다. 이만하면 감사히 다녀올 만한 금액이다.

출발지로 가면서 전화를 하니 중년 남성이 받았다. 내가 15분 정도 시간이 걸리겠다고 말하니 그는 나에게 10분 내로 와주어야 한다고 했다. 그리고 도착하면 전화를 하지 말고 1회용 문자로 연락을 달라고 했다. 나는 잠시 고민하다가 알겠다고 답했다. 뛰어가면 어떻게든 10분 내로 도착할 수 있을 것이었다. 전화를 끊고 나는 뛰기 시작했다. 그러는 동안 그에게 "55분까지 도착해 주세요" 하는 문자가 왔다. 그래서 더 열심히 뛰었다. 홍대 거리를 가로지르며 8분 만에 도착한 나는 그에게 "거의 도착했습니다" 하고 문자를 보냈다. 그런데 "사정이 생겨 취소할게요" 하는 답문이 왔다. 나는 홍대 거리에 멍하니 멈춰 서서 핸드폰을 한참 바라보았다. 마침 기록적인 폭염이 이어지던 어느 날이었다.

그는 전화를 받지 않았고 문자에도 답이 없었다. 그가 직접 '호출 취소'를 하지 않으면 내가 취소를 해야 하는데 그러면 나는 페널티를 받게 된다. 내가 할 수 있는 일은 취소를 하고 페널티를 받거나, 아니면 운행 시작 버튼을 누르고 다시 종료 버튼을 누르며 그에게 3만 원의 운행비가 부과되게 하는 것이었다. 30분을 넘게 기다리다가 나는 그에게 다음과 같은 문자를 보냈다.

"운행을 시작하고 종료하겠습니다. 저는 선생님께서 요구하신 대로 55분까지 도착했습니다. 나중에 고객센터와 연락해 차액을 환불받으시기 바랍니다."

나는 운행 시작 버튼을 눌렀다. 그는 물론 고객센터를 통해 전액을 환불받겠지만 그가 그만한 수고를 하기를 바랐다. 고객센터에서 전화가 오면 나는 그를 위해 이러한 수고를 했으니 그 시간만큼 몇 천 원의 요금을 부과하라고 주장하려 했다. 나의 주장에는 누구도 귀를 기울이지 않을 것이지만, 그래도 그런 목소리라도 내고 싶었다. 그런데 불과 몇 초 만에 그는 프로그램을 강제 종료해 버렸다. 내가 운행 종료 버튼을 누르기도 전이었다. 그것으로 모든 것이 끝났다. 그에게는 요금이 부과되지 않을 것이고, 나는 그 어디에도 항의할 수 없게 되었다.

순간의 감정으로 욱, 하는 이들보다 오히려 타인의 수고를 농락하는 이들이 더 밉다. 양쪽에서 전화를 받아 누가누가 먼저 오나 경주를 시키기도 하고, 자신의 요구에 따라 거리를 내달려 온 이들을 취소 문자 하나로 돌려세우기도 한다. 이것은 우리 일상의 '갑질'이다. 당하는 이들에게는 대리가 아닌 주체의 아픔으로 오래 남는다. 대리라는 직함을 달고 있다고 해서 감정까지 대리시킬 수 있는 것은 아니다. 비정규직이라고 해서 그 어떤 비정함에 무뎌질 수 없는 것처럼, 모든 인간은 주체로서 아파하고 주체로서 절망한다.

저도 대리기사입니다

집에서 3킬로미터만큼 멀어졌던 그날에, 나는 거의 모든 술집이 문을 닫은 택지 뒷골목을 힘없이 걸었다. 그때 누군가의 목소리가 들려왔다. "빨리 대리 불러서 가자." 나는 그 말을 듣고 몸을 돌려 거기로 걸어갔다. 그리고 그들에게 말했다.

"저도, 대리기사입니다."

부부로 보이는 그들은 전화기를 들다가 말고 나를 잠시 쳐다보았고, '나도 밤나무입니다' 하는 전래동화처럼 어처구니없는 말을 내뱉은 나는 그 자리에 그대로 나무처럼 서 있었다. 그들은 곧 웃으면서 우리 봉산동까지 가요, 했고 나는 네, 갈게요, 하고 그들의 차에 올랐다.

운행을 종료하니 새벽 2시였고 집과는 더욱 멀어져 있었다. 봉산동은 원주의 외곽이고 콜이 나올 만한 곳이 아니다. 이제 집에 가기는 틀렸네, 하고 한숨을 쉬는데 콜이 울렸다. 나는 그것이 어떤 구원의 소리처럼 들렸다. 심지어는 고개만 돌리면 될 만큼 바로 옆이었고, 목적지는 나의 집 근처였다. 말도 안 된다고 생각하며 콜을 잡았다. 가게 사장이 문을 닫고 퇴근하면서 대리기사를 부른 것이었다. 손님들 때문에 술을 몇 잔 먹었다고 했다. 나는 그를 공짜로라도 태워주고 싶은 심정이었다.

집에 돌아오니 아내가 아직 잠들지 못하고 있었다. 아내에게 어떻게 왔는지 이야기해 주니 "저도 대리기삽니다!" 하고 내 말투를 따라 하고는 웃겨 죽겠다며 말을 못 잇고 한참을 웃었다. 나도 같이 웃다가, 눈물이 났다.

우리는 그 새벽에 함께 웃으면서 울었다.

저는 귀여니 소설을 좋아합니다   2016. 10. 6.

내 또래의 손님과 우연히 책에 대한 이야기를 했다. 그가 추리소설을 좋아한다고 해서 정유정과 김내성에 대해 이야기하고 나중에는 베르나르의 책도 이야기했다. 《개미》를 읽은 사람은 많이 봤어도 《개미혁명》을 읽은 사람은 처음 봤다. 책을 한 달에 두세 권씩 사신다 하여 곧 '대리사회'라는 책이 나온다고 조심스레 추천했다.

그는 자신이 로맨스 소설도 많이 읽는다며 귀여니 소설을 좋아한다고 했다. 그래서 아니 그건 좀, 하는 생각을 했지만 다양하게 소설을 읽으시네요, 하고 말을 받았다. 귀여니가 성균관대학교 국문과에 입학한 이야기까지 하다가 서로 무언가 잘못된 것을 알았다. 그는 귀여니 소설이 아니라, 프랑스 작가 기욤 뮈소를 말한 것이었다면서 무척 억울해했다. 나도 귀여니와 기욤 뮈소를 잘못 알아들은 것이 민망했다.

목적지에 도착한 손님은 이런 즐거운 대화가 오랜만이었다며 기뻐했다. 괜찮다는 나를 굳이 근처의 슈퍼로 데려갔다. 그리고 친구들과도 할 수 없는 책에 대한 이야기를 나누어서 좋다고 몇 번이나 덧붙이며 음료수를 사서 손에 쥐어주었다. 추리소설과 기욤 뮈소를 좋아한다는 그와 한 번 더 만난다면 그때는 조금 더 길게 서로에 대한 이야기를 나누고 싶다. 나도 이처럼 책에 대한 대화를 나누기는 오랜만이고, 그만큼 즐거웠다. 이런 공통의 화제가 가끔은 '말의 통제'를 넘어서서 '주체의 언어'로 대화하게 만든다.

2부

대리인간이 되는 **가족들**

10
아내에게 생긴 버릇 **1대리, 2대리**

면접을 보는 날 아이는 응급실에 갔다

대리운전을 하겠다고 처음 말했을 때, 아내는 화를 냈다. 왜 그렇게까지 하려는지 이해할 수 없다면서 단순한 호기심이라면 그만두기를 원했다. 사실 1년 동안 글'만' 쓰면서 지내겠다고 한 약속을 내가 먼저 깨는 것이었다. 아내의 "왜?"라는 질문에 나는 대답하지 못했다. 대리운전이라는 노동을 통해 확인하고 싶은 것이 있다고, 말하지 못했다. 대신 "나를 믿어주면 좋겠다"고 얼버무렸다. 그에 더해 글을 쓰는 것만으로는 약속한 생활비를 주기 힘들 것 같아서 무엇이든 해야겠다는 말도 역시 마음에만 담아두었다. 이처럼 대리운전은 아내의 동의를 구하지 못하고 시작한 일이다.

그런데 기사 면접을 보러 가는 날에는 아내에게 급한 전화가 왔다. 아이가 아파서 대학병원의 응급실에 가고 있으니 어서 와달라는 것이었다. 그런데 그날은 이 도시에서 선택할 수 있는 유일한 면접일이었다. 서울이나 다른 대도시들은 여러 면접일 중 자신이 편한 날을 정하면 그만이었으나, 여기는 그렇지 않았다. 그래서 면접이 끝나는 대로 바로 가겠다고 말했다. 아내는 잠시 말이 없었다. 그러다가 한숨을 쉬면서 그렇게 하라고 했다. 차라리 화를 냈으면, 마음이 아프지는 않았을 것이다. 일상은 한없이 평온하다가도 어느 날 이렇게 가혹하게 다가온다.

면접장에서는 모두에게 카카오드라이버의 유니폼을 입고 사진을 찍게 했다. 웃으세요, 해서 웃었고 그것이 지금 내 프로필 사진이 되었다. 다들 잘 나온 사진이라고 하는데 정작 나는 그때 웃었는지 울었는지 별로 기억이 없다. 빨리 면접을 끝내고 아이에게 가고 싶었다.

50대 후반으로 보이는 면접관은 대리운전 경험이 있는지를 먼저 물었다. 나와 같은 조가 된 40대 남성은 몇 년 동안 일을 해왔으며 잘할 자신이 있다고 답했다. 내가 해보지 않았다고 하자 면접관은 그러면 김민섭 씨는 일이 힘들 수도 있겠는데, 하고 말을 흐렸다. 그래서 나는 기회가 주어지면 열심히 하겠다는 내용의 말을 급히 덧붙였다.

면접관은 손님이 '갑질'을 하면 어떻게 하겠느냐고 다시 물었다. 나와 다른 지원자는 모두 대화로 잘 해결하겠다는 내용의 답을 했다. 그에게 가까운 경찰서로 차를 몰고 가면 어떨까요, 하는 말을 할 수는 없었다. 면접관은 고개를 끄덕이고는 갑자기 "우리 사회 참 갑질이 문제야……"라면서 자신의 '갑질론'을 펼치기 시작했다. 대한항공의 '땅콩 회항'을 예로 들기도 했고, 대리운전에서 일어날 여러 상황에 대해 걱정하기도 했다. 그것이 꽤나 길어서, 나는 자꾸만 병원에 있을 아내와 아이가 떠올랐다. 10분이 넘어가자 '저 선생님, 이게 '갑질'이 아닌가 생각합니다'라고 말해 주고 싶은 심정이었다. 그는 "그래도 카카오라고 하면 다른 대리운전보다는 더 남들한테 보기도 좋겠죠"라고도 했다. 나는 면접이 어서 끝나기를 바라며 옆에 앉은 지원자와 함께 열심히 고개를 끄덕였다.

"두 분 다 인상도 좋으시고…… 잘될 겁니다" 하는 말과 함께 면접이 모두 끝났다. 면접이라기보다는 누군가의 '맨스플레인'이었다. 실제로 걸린 시간은 30분 내외였지만, 그때의 나에게는 영원처럼 길게 느껴졌다.

대학병원 응급실에는 무표정한 얼굴의 아내와 지친 아이가 있었다. 응급실이야 병치레가 잦은 아이 덕분에 일주일에 네 번을 오가기도 했지만 이번에는 너무 늦게 온 것이 미안했다. 남편으로서 아버지로서 역할을 다하지 못한 것 같았다. 응급실에 있는 동안 나도, 아내도, 면접에 대해서는 아무 말도 하지 않았다. 다행히 밤늦게 퇴원할 수 있었는데, 아내는 그제서야 "오늘 거기를 굳이 갔어야 했냐"는 혼잣말을 했다.

가족은 서로를 위한 대리로 살아가는 존재일 것이다

그러고 보면 인생의 어느 중요한 결정을 두고, 나는 아내의 동의를 구한 일이 별로 없다. 오늘 저녁엔 뭘 먹을까, 하는 사소한 말은 주고받으면서도 정작 더 중요한 일들을 제대로 상의하지 않았다. 홀로 고민하고, 결정하고, 통보하는 식이었다. 대학을 그만둘 때도 "나 대학에서 나와도 될까?"가 아니라 "나 대학에서 나오려고 해"라고 말했다. 아내는 나의 결정을 존중해 주었지만, 만약 그러지 않았다고 해도 어쩔 수 없었던 것이다.

나는 아내에게 내가 알아서 할 테니 믿어달라고 자주 말했다. 가족이 가진 삶의 무게를 온전히 내가 감당하고 끌어올려야 한다고 믿었기 때문이다. 하지만 잘되지 않았고 그것이 오히려 많은 문제를 일으켰다. 함께 있으면서도 외롭고, 서로를 바라보며 지쳐갔다. 나는 아내와 아이를 위한 대리인생을 살아가는 동시에, 또 그들의 삶을 대리로 격하해 버렸는지도 모른다. 가족 중 그 누구도 주체로서 살아갈 수 없게 만들었다. 그렇게 '가족'에 대한 고민이 시작되었다.

어느 날 새벽에 아내는 어디냐고 묻고는 나를 픽업하러 왔다. 아이는 잠들었고 내가 늦게까지 오지 않아 걱정되었다고 했다. 그때 나는 1시간은 걸어갈 각오를 하고 있었기에 정말 고마웠다. 그래도 두 돌이 된 아이를 두고 밖에 있는 것이 걱정되어 서둘러 차를 몰았다. 가는 동안 아내는 일을 그만두면 안 될지를 물었다. 그래서 나는 어디에서나 내가 대리로 살아가고 있음을 알게 되었고 그것을 글로 쓰겠다

아내는 그동안 사고 싶었던 '사치품'을 사기 시작했다. 뽀로로 인형을 샀고, 아이가 발로 밀고 다닐 장난감 자동차도 샀다. 그러면서 "운전을 두 번 하면 살 수 있는 물건이니까, 오늘은 꼭 두 번 넘게 타자" 하고 말했다. 그렇게 아이가 갖고 싶어 하던 장난감이 조금씩 늘어갔다.

고, 말했다. 그리고 그동안 번 돈을 보여주었다. 아내는 잠시 말이 없다가 내가 이번 달에 받은 생활비가 이거였구나, 하고 말했다. 집에 들어가서 맥주 한잔을 하면서 그날 번 돈을 모두 주었다. 차비가 너무 비싼 게 아니냐고 하자 아내는 웃었다.

그날 이후 아내에게는 새로운 버릇이 생겼다. 아이의 장난감을 사왔기에 저건 얼마야, 하고 묻자 "응 저건 대리를 두 번 뛰면 살 수 있어"라고 했다. 모든 물건을 살 때마다 1대리, 2대리, 하고 화폐의 단위처럼 생각한다고 했다. 그러면 정말 사야 할 물건만 사게 된다고 해서, 나는 웃어야 하나 울어야 하나를 고민했다. 하긴, 그러면 무엇도 쉽게 살 수 없게 될 것이다.

어쩌면 가족은 끊임없이 서로를 위한 '대리'로 살아가는 존재인지도 모른다. 나는 너를 위해, 너는 나를 위해, 우리는 너를 위해, 그렇게 끊임없이 주체와 대리의 경계를 넘나든다. 나는 아직 모든 가족을 주체로 두는 방법을 잘 모른다. 하지만 아내하고든 아이하고든, 조금은 더 많이 대화하려고 한다. 기꺼이 그들을 위한 대리의 삶을 살며, 그렇게 조금은 더 주체적인 인간으로 살아가고 싶다.

얼마 후, 아내는 나에게 어떤 제안을 했다. 우리는 '함께' 고민한 끝에 그렇게 하기로 했다.

나도 마음이 아프다 2016. 6. 17.

일을 하는 도중에 아내에게 전화가 왔다. 아이가 자고 있으니 나를 도와주고 싶다고 했다. 마침 버스가 끊겨 걸어가고 있던 참이라 반가웠다. 흥업까지 아내가 나를 데리러 왔고 번화가인 단계동으로 함께 갔다. 차가 있으니 어디서 무슨 콜이 나오든 잡을 수 있을 것이다. 그동안 콜이 들어오더라도 손님과의 거리가 2킬로미터가 넘으면 물리적으로 갈 수가 없었다. 그런데 30분을 넘게 기다려도 콜이 없었다. 아내도 시무룩한 표정이 되었다. 어제는 정신없이 8콜이 오더니, 맘먹고 나온 날은 또 이렇다.

아내는 갈증이 나는지 앞의 편의점에서 물을 사다 달라고 했다. 나는 아니, 물 한 병에 500원이야, 하고 답했다. 그동안 목이 말라도 물을 거의 사 먹지 않았다. 500원을 벌기 위해 몇백 미터를 뛰어야 하는지 생각해 보면, 집에 가서 시원한 물을 마시면 그만이라고 생각했기 때문이다. 그런데 아내는 정말로 서운한 표정을 지으며 그게 아깝냐고 물었다. 딱히 할 말도 없고 민망해진 나는 물을 사러 갔다.

집에 돌아와서 아내는 나에게 "그런 거 아까워하면 마음이 아프다"라고 했다. 내가 일하는 이유는 나의 가족과 함께 행복하고 싶어서다. 그런데 도와주러 나온 아내가 목이 마르다는데 고작 그것에 과민하게 반응했다. 나도 마음이 아프다. 물값을 아끼고 뛰어다니는 것은 나 혼자서만 하면 그만이다. 나의 할머니는 차비 몇백 원을 아끼겠다고 몇 정류장을 걸어 다녔다. 나의 어머니도 그랬다. 덕분에 나는 행복했나 보다.

11
엄마와 아빠는 **섬그늘에 굴 따러 간다**

아이를 두고, 아내가 나왔다

대리운전을 시작한 지 그럭저럭 3주쯤 된 어느 날, 아내는 나에게 놀라운 제안을 했다. 내가 저녁 8시나 9시쯤 나가서 일을 하고 있으면 자신이 아이를 재우고 차를 가지고 나오겠다는 것이었다. 그리고 그때부터 나를 도와 함께 일하겠다고 했다. 나에게는 무척 감사한 제안이었다. 그러면 뛰거나 걷는 일이 많이 줄어들게 된다. 하지만 나는 두 가지 이유를 들어 거절했다. 우선 고생하는 사람은 나 하나로 충분하다는 것과, 이제 고작 두 돌이 된 아이를 두고 집을 비울 수는 없다는 것이었다.

그러자 아내는 "내가 당신보다는 길도 더 잘 알고 운전도 잘할 텐데?" 하면서 웃었다. 사실 나는 10년 동안 대학 연구실과 집만 왕복했고, 지도를 보다가 길을 잃을 만큼 공간지각 능력이 떨어지는 인간이다. 지금도 원주 시내를 돌아다니는 데 내비게이션이 필요하다. 하지만 지역 토박이인 아내는 눈 감고도 길을 찾을 사람이었다. 딱히 반박할 말이 없었다. 그래서 아이는 어쩔 것이냐고 물었다. 아내는 조금은 자신 없는 표정으로 한번 자면 깨는 일이 없으니 2시간 정도는 괜찮을 것이라며 말을 흐렸다.

그날 밤 11시에, 아내가 정말로 차를 가지고 나왔다. 아이는 깊이 잠들었다고 했다. 새벽 1시까지는 들어가기로 서로 약속하고는, 번화가인 고속터미널 뒤편 주차장으로 갔다. 아내는 운전석에, 나는 조수석에, 그렇게 함께 앉아서 콜이 들어오기를 기다렸다. 그러는 동안 고마움과 미안함, 그리고 알 수 없는 여러 감정들이 교차했다. 굳이 규정하자면 지금 이 시간에 여기에 있어야 하는 아내에 대한 안쓰러움이 가장 컸다. 그래서 콜이라도 많이 들어왔으면 했는데 핸드폰 화면은 30분이 넘게 조용했다. 아내는 나 좀 쉴게, 하고는 눈을 감더니 곧 옅게 코를 골았다. 평소 같으면 아이와 함께 잠들었어야 할 시간이다.

아이는 귀엽고 사랑스럽지만, 늘 그런 것은 아니다. 울고, 싸고, 넘어지고, 다치고, 모든 것을 난장판으로 만들어놓고는 또 운다. 그러다가 웃고, 춤을 추고, 달려와서 안기고, 밥도 잘 먹다가, 또 웃는다. 아이의 하루를 위해서는 다른 사람의 하루 그 이상이 필요하다는 것을 나는 지난 2년 동안 몸으로 배웠다. 가끔은 내가 두 돌 아이의 아버지인 것을 알게 된 손님이 "집에서 애 보기 싫어서 운전하러 나온 거죠?" 하는 농담을 건넨 적도 있다. 그러면 나는 "앗, 어떻게 아셨나요?" 하고 웃으며 답하는데, 그도 나도 육아가 대리운전보다 훨씬 더 손이 많이 가는 노동임을 잘 알고 있다.

잠든 아내와 핸드폰 화면을 번갈아 가며 물끄러미 바라보던 도중 근처에서 콜이 들어왔다. 목적지가 '역사박물관'이라는데 거기가 대체 어딘지, 그래도 일단 수락 버튼을 눌렀다. 내가 부스럭거리는 소리에 아내는 어느새 깨서 뭐가 들어왔느냐고 물었다. 역사박물관이라는데 어딘지 아느냐고 자신 없이 묻자 "아, 거기 알지. 먼저 가 있을게"라고 했다. 나는 이 도시에 박물관이랄 것이 있는지도 처음 들었는데 아내는 벌써 시동을 걸고 있었다.

생전 처음 가보는 역사박물관 운행을 끝내고 주변을 살펴보니, 비상등을 켠 차가 한 대 보였다. 아내는 내가 어디로 내려올지 계산하고 차를 세워두었다. 평소 같으면 번화가까지 다시 걸어가는 데만 30분이 넘게 걸렸을 것이다. 하지만 그보다는 누군가가 나를 기다리고 있다는 사실, 그 자체로 기뻤다. 우리는 다시 번화가로 이동했고 그날 새벽 1시까지 다섯 번을 운행했다. 마지막에 여주까지 가는 콜이 나왔는데 우리는 갈까 말까를 고민하다가, 서로 고개를 저었다. 돈 3만 원보다는 아이가 걱정되었던 것이다. 사실 계속 마음이 편치 않았다.

아이가 잠들고 나면 아내는 가정용 CCTV를 켜두고는 나를 돕기 위해 나왔다. 함께 일하는 동안 아이는 휴대폰 화면 속에서 곤히 잠들었다. 잠에서 깨어난 아이를 몇 번 상상하다가는 가슴이 아파서 그만두었다. 내가 원주를 떠나 서울에서 일하면서 이제는 아내가 아이의 밤을 지킨다. 나중에 부모를 이해할 만큼 자란 아이가, 이 글을 읽고 어떤 표정을 지을지가 궁금하다.

엄마가 섬그늘에 굴 따러 가면
아기가 혼자 남아 집을 보다가
바다가 불러 주는 자장 노래에
팔 베고 스르르르 잠이 듭니다.

아기는 잠을 곤히 자고 있지만
갈매기 울음소리 맘이 설레어
다 못 찬 굴바구니 머리에 이고
엄마는 모랫길을 달려옵니다.

동요 '섬집아기'

　집에 돌아와 현관문 앞에 서서는 정말이지 두려웠다. 아이가 울면
서 어두운 집 안을 돌아다니고 있지 않을까, 그러면 미안해서 어쩌지,
정말 여러 생각을 하면서 문을 열었다. 다행히 아이는 곤히 잠들어 있
었다. 우리는 누가 먼저랄 것 없이 다행이야, 하고 말했다.
　나는 아내에게 번 돈의 절반인 5만 원을 주었다. 지금은 원주와 같
은 중소도시의 카카오드라이버 기본료가 1만 원으로 낮아졌지만 그
때는 1만 5천 원이었다. 그리고 한 번 운행할 때마다 5천 원의 지원금
이 따로 나왔다. 20퍼센트의 수수료를 떼면 몫이 줄어들기는 하겠지
만 굳이 그걸 말하고 싶지는 않았다. 아내는 너무 많이 주는 것 아니

냐면서도 기쁘게 돈을 받았다.

아이는 화면 속에서 잠들었다

아내가 차를 가지고 와서 도와주니 확실히 편했다. 멀어서 갈 수 없었던 곳도 가게 되었고, 적어도 두 개의 콜을 더 받을 수 있었다. 무엇보다도 더 이상 땀에 푹 젖어 들어오지 않아도 되었다. 하지만 잠든 아이를 보면서 내일도 나가자는 말을 둘 다 먼저 꺼내지 못했다.

하지만 다음 날도 아내는 나왔다. 역시나 아이가 걱정되어 서둘러 돌아가면서 나는 CCTV를 달면 어떻겠느냐고, 농담 삼아 물었다. 집에 와서 검색해 보니 정말로 핸드폰과 연동해 실시간으로 아이의 모습을 볼 수 있는 서비스가 있었다. 그러면 조금은 걱정을 덜고 함께 일할 수 있을 것이었다. 그래서 정말로 아이의 방에 가정용 CCTV를 달았다. 아내는 이제 본격적으로 대리운전을 해야 하는 것이냐고 웃다가 몇 번 실행해 보고는 오, 이거 생각보다 괜찮은데, 하는 표정을 지었다.

그때부터 아내와 나는 함께 일했다. 저녁 10시부터 새벽 2시까지, 우리는 운전석과 조수석에 나란히 앉아 있었다. 아이가 깨어 있을 때는 하지 못했던 대화도 하고, 라디오도 듣고, 가끔은 길에서 파는 떡볶이도 사 먹었다. 그러면서 울기도 하고 웃기도 했다. 물론 운행을 시작하면 그 즉시 모든 행위는 중단된다. 나의 신체는 타인에게 귀속

되고 아내 역시 그 길을 따라온다. 하지만 타인의 운전석에서 내리면 아내가 나를, 기다리고 있는 것이다. 우리는 그 안에서만큼은 서로를 대리하면서 동시에 주체로서, 그러니까 '부부'로서 존재할 수 있었다.

그러는 동안 아이는 핸드폰 안에서 쌔근쌔근 잠들었다. 나와 아내는 내일도 아이를 위해 하루보다 좀 더 긴 하루를 함께 보낼 것이다. 아이는 잘도 잔다. 그렇게 우리 가족은 어제보다 서로에게 한 발 더 다가서는 법을 배운다.

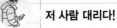

저 사람 대리다!

2016. 6. 29.

차 안에서 함께 콜을 기다리던 아내가 "봐, 저 사람 대리 맞지!" 하고 나에게 말한다. 창밖으로는 나를 닮은 사람이 지나가고 있다. 신경 써서 입었겠지만 어딘가 땀에 젖어 후줄근한 옷에, 옆으로 비껴 매거나 아니면 한 손에 든 적당한 크기의 가방, 그리고 한 손에 핸드폰을 들고 거기에서 눈을 떼지 못하는 모습이 영락없이 대리기사다. 사실 일을 시작하고 며칠 만에 대리기사를 구분해 내는 눈이 생겼다. 군대에서 휴가 나왔을 때는 길거리에 군인들만 보이더니, 이제는 밤거리에 대리기사들이 왜 이리 많은지 모르겠다.

아내에게도 대리운전 기사를 구분해 내는 눈이 생겼다. 내가 그랬듯 아내도 그것이 무척 신기한 모양이다.

카카오 대리 불러서 집에 가세요

2016. 6. 10.

같은 잡지에 칼럼을 연재하는 분들과 서울 홍대입구에서 만났다. 저녁을 먹는 동안 일부러 술을 마시지 않았다. 모임이 끝나고 바로 일을 하러 갈 생각이었다. 서울에는 콜이 많다는 이야기를 들어서 괜히 설레었다. 그래서 그들에게 운전을 해야 해서 술을 마실 수 없다고 말했다. 그러자 누군가가 카카오 대리가 나왔으니 그걸 한번 불러보시면 어떻겠느냐고 물었다. 나는 잠시 흠칫, 했으나 곧 웃으면서 원주로 내려가야 한다고 답했다. 카카오 대리를 불러본 사람이 있는가, 하는 것이 잠시 화제가 되었다. 아무도 써본 사람이 없었다. 나는 써보긴 했는데 '기사용' 애플리케이션을 이용했다는 게 남들과 다르다면 달랐다. 지금 쓰는 글이 만약 책으로 나온다면 이들도 알게 될 것이다. 그때는 내가 술을 한잔 사야겠다.

12
아내는 자신의 언어를 **가지고 있지 않았다**

함께 있는 시간이 생겨 좋았다

아내는 나를 돕기 위해 계속 나왔다. 내가 밖에서 일하는 동안 두 돌이 된 아이에게 저녁을 먹이고, 씻기고, 책을 읽어주고, 다시 분유를 먹이고, 달래고, 잠을 재웠다. 그리고 CCTV 렌즈가 아이를 잘 향해 있는지 확인하고는 11시쯤 차를 가지고 나왔다. 덕분에 나는 그때부터는 거의 뛰는 일 없이 일했다. 가끔은 아내가 아이와 함께 잠드는 날도 있었는데, 그러면 나는 몸은 힘들었지만 마음은 오히려 편했다. 내가 몇 시간을 더 걸으면 아내와 아이가 그 시간만큼 더 잘 수 있는 것이다.

그래도 아내가 나오면 함께 있는 시간이 생겨 좋았다. 번화가에 차를 세워두고 30분을, 1시간을, 그렇게 둘이서 기약 없이 앉아 있자면 자연스럽게 대화를 하게 된다. 집에서는 하지 않았을, 그러니까 어떤 음악을 좋아한다거나, 오늘은 달이 참 밝다거나, 밀가루 떡볶이를 좋아한다거나, 그런 아무 의미 없는 이야기를 주고받는 것이다. 잠이 부족한 아내가 갑자기 말이 없어지며 곧 잠들곤 했지만, 그렇게 우리는 아주 오랫동안 하지 않았던 '진짜 대화'를 했다.

12시가 넘어가면 아내는 먹고 싶은 게 많아졌다. 맥도날드에 가서 햄버거를 먹자고도 했고, 길에서 파는 매운 떡볶이가 먹고 싶다고도 했다. 김말이 튀김이나 만두, 이런 것도 찾았다. 왜 이렇게 먹을 걸 찾느냐고 놀렸더니 자신도 잘 모르겠다고 했다. 이러나저러나 늦은 시간에 함께 무얼 먹는 것도 오랜만이었다. 새벽에 함께 먹는 길거리 음식은 모두 맛있었다.

어느 날은 손님의 차를 운전하면서 옆 차선을 보니 아내가 나란히 서서 신호를 기다리고 있었다. 반가운 마음에 손이라도 흔들고 싶었는데 그러지 못했다. 아는 체를 하고 싶은 티가 났는지 손님이 "같이 대리하시는 분인가 봐요" 하고 나에게 물었다. 그래서 "네, 아내가 도와주고 있어요" 하고 답했다. 그는 나와 비슷한 또래의 남자였는데 "아, 그래요" 하고는 묘한 표정을 지었다.

'아내'라는 단어를 쓰는 사람을 처음 보았다는 손님과 만나다

며칠 후, 콜을 받아서 가니 그 손님이 다시 있었다. 굳이 아는 티를 내지 않았는데 그가 먼저 나에게 "혹시 와이프하고 같이 대리하시던 기사님 아니신가요?" 하고 물었다. 그래서 나는 "아, 기억하시네요. 맞습니다" 하고 반갑게 인사했다. 그는 "맞아요, 기억이 나요" 하고 웃더니 나에게 혹시 대리운전 이전에 어떤 일을 하셨느냐고 물었다. 뭔가 개연성이 없는 질문이기는 했으나, 대학에서 시간강사로 일했고 지금은 하지 않습니다, 하고 답했다. 그러자 그는 약간 높아진 목소리 톤으로 분명 선생님일 것이라 예상했다고 하면서, "아내라는 말을 쓰는 사람은 처음 봤거든요. 참 듣기 좋은 말이잖아요. 공부를 오래 하신 분일 것이라고 생각했어요" 하고 덧붙였다.

나는 아내라는 단어 말고는 별로 써본 일이 없다. 직접 부를 때는 '여보', 그리고 타인에게는 '아내'라고 계속 말해 왔다. 딱히 누가 가르쳐준 것도 아니지만 그저 그래야 할 것 같아서 그렇게 해온 것이다. 사실 그 어원이나 의미도 잘 모른다. 고작 그것으로 졸지에 '공부를 오래 한 사람'이 되는 것도 민망했다. 그래서 그에게 "그러면 선생님은 아내분을 어떻게 부르시나요?" 하고 물었다. 그랬더니 그는 "저는 '와이프'라고 하는 게 편합니다. 직접 부를 때는 '자기야'라고 하고요" 하고는 겸연쩍게 웃었다. 와이프와 자기라니, 나는 단 한 번도 아내를 그렇게 불러본 일이 없다.

목적지에 가는 동안 그와 나는 서로의 와이프와 아내에 대한 이야기를 나누었다. 왠지 친한 친구를 만난 것처럼 오랜만에 마음이 편했다. 그가 결혼 초기에는 아내와 싸우고 모텔에서 자기도 여러 번 했다고 해서 "저도 한 번……" 하고는 함께 웃었다. 대리운전 기사와 차의 주인은 딱히 친해지기 힘든 사이지만 가끔은 이처럼 내밀한 이야기가 오간다. 운행이 끝나고 나면 다시 마주칠 만한 사이가 아니기 때문이다. 타인의 운전석은 대화의 가능성이 가장 차단된 공간이면서, 동시에 무한대로 열려 있는 곳이기도 하다. 따라오는 나의 아내도, 집에 있을 그의 와이프도, 아마 귀가 조금은 간지러웠을 것이다.

목적지에 도착해 서로 헤어지면서 그는 나에게 언제 맥주 한잔하면 좋겠네요, 하고 말했다. 나도 같은 마음이었다. 그래서 한 번 더 만나게 되면 그때는 정말 자리를 만들기로 합의를 보았다. 물론 그런 우연이 아직 다시 일어나지는 않았다.

그날 이후, 내가 왜 아내를 아내라고 부르는가에 대해 문득 궁금해졌다. 그리고 보면 나의 아내에게 주어진 호칭은 다양하다. 아내 말고도 마누라, 여편네, ○○엄마, 와이프, 부인, 집사람, 안사람 등등, 나는 이 중에서 어느 하나를 무의식적으로 선택한 것이다. 하지만 타인이 '너는 왜?'라고 묻고서야, 그 호칭에 대한 고민을 시작했다. 단순히 편하고 어떤 거부감이 없어서 자연스럽게 그렇게 했다고 하기에는 부끄러웠고, 무엇보다 아내에게 미안했다.

주체의 언어로 상대방을 상상하면서, 우리는 가족이 된다

그런데 '아내'를 대체할 만한 적합한 단어를 찾을 수 없었다. 호칭이 되어서는 안 될 단어들이 대부분이었다. '마누라'는 오래된 존칭이라고는 하지만 그 어원과 관계없이 오염된 단어다. 눈을 부라리거나 밥상을 뒤엎는 그런 못난 남편의 모습이 우선 연상된다. 여러 서사에서 비하의 의미로 수차례 재현되었기 때문이다. 'ㅇㅇ엄마' 역시 아이를 담보로 아내의 주체성을 훼손하는 것 같아서 역시 사용하고 싶지 않다. 나는 'ㅇㅇ아빠'라는 호칭을 좋아하지만 그것이 나의 일상을 규정하는 것은 원치 않는다. '집사람'이나 '안사람'은 여성의 활동 범위를 '집'과 '안'으로 각각 제한하고 규정짓는다. 안의 주체는 여성으로, 바깥의 주체는 남성으로, 그렇게 공간에 따른 역할을 나눈 것처럼 보이지만 여기에서 고착화되는 것은 주로 여성이다.

나의 아내는 자신을 규정할 만한 제대로 된 언어를 가지고 있지 않았다. 남성이 자신을 주체로 두고 주변을 상상하는 데서 만들어진 단어들을, 혹은 오염된 단어들만을 곁에 두고 있었다. 그러니까, 나의 아내뿐 아니라 모든 여성은 언어의 주체가 아니었던 것이다.

내가 선택한 아내라는 단어는 어떠한 언어 권력과 폭력이 될 수 있을지 나는 잘 모르겠다. 누군가가 아내는 '안에'라는 공간을 나타내는 단어라고 말해 주었는데, 그러면 마치 '집사람', '안사람'과 같은 의미가 된다. 하지만 아니라고 믿고 싶다. 나는 아내라는 단어가 가장 따뜻하게 나의 아내를 표현할 수 있기를 바란다.

나는 나의 아내가 기다리는 곳으로, 가장 어두운 밤에 나를 위해 깜빡이를 켜둔 그곳으로 기쁘게 걸어간다. 나는 기꺼이 아내와 아이를 위한 대리가 되고 싶다. 그리고 아내 역시 아이와 나를 위한 대리로, 하지만 당당한 주체로서 살아갈 것을 믿는다. 그렇게 서로를 대리하면서, 그리고 주체의 언어로 상대방을 상상하면서 우리는 '가족'이 된다.

얼마 전 아내는 나에게 왜 그렇게 늦은 밤에 떡볶이를 먹고 싶었는지 알게 되었다고 말했다. 왜, 하고 물었더니 어느 사진을 내밀었다. 나는 아이의 이름을 '미래'라고 지었다. 내가 대리해야 할 존재가, 하나 더 늘었다.

너는 나의/우리의 미래다.

여자 대리운전 기사는 없다   2016. 10. 7.

며칠 전에 만난 30대 여성 손님은 대리운전 일에 관심을 보였다. 이것저것 물고는 와 좋네요, 와 생각보다 많이 버네요, 와와, 하고 반응했다. 그다지 생기 있거나 발랄하지도 않은, 무언가 적당한 한숨이 섞인 정말이지 순수한 감탄이었다. 그는 홈플러스에서 일한다고 했다. 그러고 보니 근처에는 큰 홈플러스 매장이 있다. 거기에서 일을 마치고 동료 직원들과 술 한잔하고 들어가는 참인 것 같았다.

그런데 그는 저도 해보고 싶어요, 하는 말을 끝내 하지 않았다. 홈플러스 근처에서 그의 집으로 가는 콜이 많이 나온다고 하니까, 그러면 일을 마치고 그 콜을 잡고 집에 가도 되겠네요, 정말 좋다, 하면서도 그걸로 끝이었다. 비슷한 관심을 보인 남자들은 면접을 보는 법이라든가 구체적인 것을 물으면서 "나도 해야겠다" 하고 쉽게도 말한다.

일하는 동안 여자 대리운전 기사는 딱 3명을 봤다. 그만큼 대리운전은 남자의 직업처럼 인식된다. 이것은 누가 더 운전을 잘하고 못하느냐와는 별개의 문제다. 타인의 운전석이라는 '을의 공간'에서는 폭언과 폭행을 당하는 일도 종종 일어나는데, 그 뒤틀린 역설의 관계에 여성과 남성이라는 '성별'까지 끼어들고 나면, 나는 상상이 잘 안 간다.

그가 저 이거 해볼래요, 하고 말하지 않은 것처럼 나도 그에게 이거 한번 해보세요, 하고 말하지 않았다.

모두가 외롭고 허기지다   2016. 10. 8.

오늘은 50대 남자 손님과 20대 여자 손님이 뒷좌석에 함께 있었다. 운전하는 동안 뒤에서 '오빠'라는 호칭이 들려왔고, 나중에는 "우리 애기 자야겠다" 하는 말도 들려왔다. 오빠이자 애기인 남자가 어깨에 기대어 잠들자, 여자는 나에게 "저녁 먹었어요?" 하고 물었다. 김밥 같은 것이라도 좋으니 밥을 잘 챙겨 먹고 다니라고 했다. 밤에 일하는 사람들은 더 잘 챙겨 먹어야 하고 속이 비면 안 된다고 했다. 그래서 나는 "이 일을 하는 동안 밥 먹었냐고 물어본 사람이 처음이에요. 고마워요" 하고 답했다.

나중에는 여자도 머리를 맞대고 곤히 잠들었다. 백미러에는 두 사람의 모습이 간간이 비쳤다. 다들 허기지고 외로운 모양이다.

13

부부는 함께 나란히 앉아 있을 때 **가장 어울린다**

부부와 부부가 아닌 (것 같은) 커플들의 차이

대리운전을 하다 보면 다양한 사람들과 만난다. '카카오드라이버'의 가장 보편적인 손님은 40대 초반 남성이지만 20대와 50대도 있고, 여성도 있다. 한 사람뿐 아니라 둘이나 셋이 함께 타는 일도 있다. 그런데 남녀, 그러니까 커플 손님을 만날 때면 우선 불안하다. 왜냐하면, 그들은 대개 나를 아랑곳하지 않고 싸우기도 하고 정답거나 달콤하기도 하다. 그러다가 웃거나 울기도 하고, 아니면 서로 처음 본 사이처럼 말 한마디 없이, 그렇게 목적지까지 간다.

운전석에서 여러 커플과 만나면서 나는 중년 커플이 '부부'인지 '불륜'인지를 가려내는 눈이 생겼다. 유심히 그들을 관찰한 것은 아니지만 언젠가부터 자연스레 그렇게 되었다. 겉보기에 모두는 평범한 부부처럼 보인다. 하지만 자리 배치를 보면 쉽게 그 구분이 가능하다. 부부는 이미 남편이 조수석에, 아내는 뒷좌석에, 그렇게 따로 자리를 잡고 앉는다. 가는 동안 대화도 별로 없고 핸드폰을 꺼내서 각자의 일을 한다. 하지만 부부가 아닌 이들은 뒷좌석에서 내가 온 줄도 잘 모르고 서로를 바라보는 데 열심이다. 그렇게 손을 꼭 붙들고 목적지까지 간다. 가끔은 뭔가 내밀한 대화를 나누거나 어떤 민망한 행위를 하는 것도 같다.

목적지에 도착하면 부부는 뒷좌석의 아내가 먼저 얼마 나왔나요, 하고 지갑을 연다. 내가 카카오드라이버는 등록한 카드로 자동 결제가 됩니다, 하면 아, 그렇구나, 하면서 운행이 종료된다. 그런데 부부가 아닌 이들은 남자가 만 원짜리 몇 장을 먼저 내민다. 내가 카카오드라이버는 등록한 카드로 자동 결제가 됩니다, 하면 남자는 아, 이게 그런 시스템이었지, 허허, 하면서 그래도 만 원짜리 한두 장을 나에게 내민다. 왜인지, 남자들의 씀씀이가 커진다. 나에게는 반가운 일이다.

가끔 부부들도 팁을 주려고 할 때가 있다. 남편이 기사님 수고하셨는데, 하고 지갑을 연다. 그런데 그럴 때마다 뒷좌석에서 결제됐다는데 뭐 해, 당신이 재벌이야, 하는 아내의 목소리가 들린다. 그러면 남편은 꾸벅, 기사님 수고하셨습니다, 하고 재빨리 따라 내린다. 뭐랄까, 내 주머니에 이미 들어간 2만 원도 얄밉고, 당신이 재벌이야, 하는 그 목소리도 얄밉다. 굳이 어느 편이 더 얄미운가를 따지라면 돈보다는 목소리다.

주말에는 낮부터 콜이 뜬다. 이 시간에는 도심 호텔로 가자는 중년 커플들이 많다. 일을 시작한 지 얼마 안 되었던 어느 날에는 오후 2시쯤, 홍대입구에서 신촌의 N호텔로 가는 콜을 받았다. 뭐 이리 낮술을 하셨대, 하고 즐겁게 갔다가 중년의 커플과 마주했다. 한정식집에서 나온 그들은 이미 뒷좌석에 앉아서 서로의 손을 다정하게 붙잡고 있었다.

부부의 목적지는 대개 무슨 동 어느 아파트, 하는 식으로 평범하다. 반면 부부가 아닌 이들은 도심이나 아니면 도심 외곽의 호텔로 간다. 그런데 나는 그때 대낮에 콜을 받아 호텔로 이동하는 것이 처음이었다. 그래서 특이한 분들이구나, 왜 대낮부터 호텔에 가는 걸까, 하면서 운전을 했다.

가까운 거리여서 금세 동교동과 신촌로터리를 지나 '호텔촌'으로 진입했다. 편의점이 등장하자 남자는 나에게 잠시만요 기사님, 하더니 맥주를 사러 갔다. 대기하는 시간이 딱히 비용에 계산되는 것이 아니었지만, 네, 알겠습니다, 다녀오세요, 하고 말했다. 그는 수입맥주 4캔을 사서 나왔다. 그가 다시 차에 올라타고 목적지인 N호텔 주차장으로 들어섰다. 그런데 매니저로 보이는 사람이 나와서는 차를 막아섰다. 나는 그가 주차를 대신 해주겠다는 줄 알고 내릴 준비를 했다. 그러나 그는 덤덤한 표정으로 "빈방이 없습니다"라고 말했다.

나는 순간 그에게 "왜죠?" 하고 물을 뻔했다. 늦은 시간도 아니고 햇빛이 가장 강렬한 이 시간에, 호텔에 방이 없다는 것이 도저히 납득이 가지 않았다. 수많은 물음표와 함께 공간에 대한 가치관이 흔들리던 그때 뒷좌석에서는 "그러면 저기 J호텔로 갑시다. 우회전해서 조금만 가면 돼요"라는 말이 들려왔다. 그래서 나는 후진을 했다. 그러는 동안 벤츠의 후방 카메라는 나의 예상 진로를 마치 항공사진처럼 화면에 담아주었다. 마주 오는 택배 차량을 피해 J호텔 주차장으로 들어가자 다시 매니저가 나왔다. 한눈에도 주차장에는 빈자리가 없었다. 이번에는 뭔가 이거 잘못된 거 아닌가, 하는 짜증인지 분노인지 하는 것이 울컥 치밀어 올랐다. '대낮부터 대체 여기서 뭣들 하는 거야?'

세 번째 호텔에 간신히 주차를 했다. 거기도 겨우 한 자리만 남아 있었다. 만 원짜리 팁을 한 장 받아 돌아가는 동안 햇빛은 여전히 뜨거웠다. 대낮부터 그렇게 호텔의 빈방이 없다는 사실에 기분이 묘했다. 그 후에도 여러 차례 부부가 아닌 (것 같은) 중년 커플들을 만났고, 나는 차차 그들과의 만남에 익숙해졌다. 아니 어쩌면 무뎌졌다는 표현이 더 알맞겠다. 내 입장에서야 손님을 가릴 처지도 못 되고 무엇보다도 그 역시 그들 삶의 방식인 것이다.

역설적으로 오래된 부부들의 데면데면함은 익숙함일 수도 있겠지만 그것이 서로를 사랑하는 방식이라고 보기에도 어렵다. 그들도 서로 바라만 보아도 설레었던 젊은 날에는 누가 시키지 않아도 뜨겁게 사랑했을 것이다. 그 어떤 관계에서든 사랑하는 이들은 함께 앉아 있는 편이 훨씬 잘 어울린다. 그 공간의 완벽한 타인이 된 나의 눈에는 더욱 그렇다. 뒷좌석에 나란히 앉은 부부는 가장 보기 좋은 손님이다.

두 사람은 지금 어떤 사이가 되어 있을까?

그래도 커플들 때문에 괜히 설레는 때도 있다. 한번은 합정역에서 20대 젊은 남녀가 함께 차에 올랐다. 둘은 뒷좌석에 앉아서 이런저런 말을 즐겁게 주고받았다. 그런데 어느 순간 남자가 여자에게 "제가 6년만 일찍 태어났더라면 얼마나 좋을까요. 누나에게는 제가 지금 남자로 안 보일 테니까요"라고 했다. 여자는 "야, 무슨 말이야" 하고는 웃다가 "그래, 그랬으면 좋았겠다" 하고 답했다. 그때부터 갑자기 차 안이 조금씩 반짝이기 시작했다. 그 감정은 운전만 하고 있는 나에게도 조금씩 와 닿았다.

나도 그와 같은 20대 초반의 나이에 누군가에게 고백을 했다. 같은 전공 수업을 듣는, 두 살 연상의 과 선배 A였다. 집에 가는 길에 우연히 우리가 같은 동네에 오래 살아온 것을 알게 되었고 그때부터 서로 친해졌다. 언젠가 수업이 끝나고 담당 교수가 제안한 뒤풀이 자리에 갔다. 장소는 서울 신촌이었고 자리가 늦게까지 이어졌다. A는 막차 시간에 맞춰 먼저 일어나겠다고 했다. 나도 함께 가고 싶었지만 그럴 분위기가 아니었다. A에게 "조심해서 들어가요" 하고 문자를 보냈다. 그런데 아마도 술김이었겠지만, 교수에게 "먼저 들어가 보겠습니다.

지금 가지 않으면 좋아하는 사람을 놓치게 될 것 같아요"라고 했다. 이것을 생각하면 지금도 자다가 이불을 걷어찰 만큼 민망하다. 교수는 어서 가보라며 웃었다. 그런데 선배 한 명이 출구에서 나를 막아서면서 나도 늦게까지 남아 있는데 어디 먼저 들어가느냐고 정색을 했다. 꼭 가야 한다고 하자 그는 한 대 맞고 가라며 나를 세게 때렸다. 그도 나도 적당히 취해 있었다. 나는 이제 가도 되죠, 하고 해맑게 웃으며 밖으로 나왔다. A와 빨리 만나고 싶은 마음에 별로 아프지도 않았다.

나와서 시계를 보니 A는 이미 버스를 탔을 시간이었다. 너무 늦게 나왔다는 생각에 조금은 풀이 죽어 정류장을 향해 걸었다. 그런데 연세대학교 앞의 긴 횡단보도를 막 건널 때, 어디선가 본 하늘색 원피스를 입은 사람이, 내가 도착한 그곳에 서 있었다. "어, 누나, 버스 아직 안 탔어요" 하고 나는 물었다. 그러자 A는 "네가 올 것 같아서 여기에서 기다리고 있었어" 하고 답했다.

막차를 타고 나와 A의 동네에 함께 내렸다. A의 집에 가는 동안 우리는 이런저런 이야기를 했다. 함께 듣고 있는 수업이 어떤지, 내가 초대한 동아리 공연에 와주어서 고마웠다든지, 이 동네는 월드컵이 끝나고 참 많이 바뀌었다든지, 그런 평소에 하지 않던 말들을 나누면서 웃었다. 그러다가 긴 에스컬레이터를 탔다. 거기에 오른 순간, 갑자기 온 세상이 반짝이기 시작했다. 그리고 모든 존재들이 나에게 지금인 것 같다고, 그렇게 입을 모아 말했다. 이 에스컬레이터에서 내려오고 나면 다시는 그런 기회가 없을 거라고들 속삭였다. 그래서 나는 A에게 저 누나 좋아하고 있어요, 하고 말했고 그와 동시에 우리는 바닥에 닿았다.

제가 6년만 일찍 태어났더라면 좋았을 텐데요, 나도 그랬다면 좋았겠어, 하던 남자와 여자는 그때 아마도 자신들을 둘러싼 세상이 반짝반짝 빛나는 경험을 했을 것이다. 두 사람이 지금 어떤 사이가 되어 있을지는 잘 모르겠다. 남자가 먼저 내렸고, 조금 더 가서 여자도 내렸다. 덕분에 나는 스물한 살의 어느 반짝이던 날을 기억하면서 다시 합정역으로 돌아갔다.

손님을 깨우는 방법　　　　　　　　　　　　　　2016. 9. 10.

아무리 잡고 흔들어도 일어나지 않는 손님들이 있다. 어딘가 잘못된 게 아닌가 싶을 만큼 잠에서 깰 생각이 없다. "사장님, 다 왔습니다!" 하고 외치다가, 나중에는 조심스레 몸을 잡고 흔들지만 도무지 일어나지 않는다. 그럴 때면 난감하고 원망스럽다. 운행을 마무리하고 다음 콜을 받아야 하고 거기에서 탈출할 막차 시간도 맞추어야 한다. 술 취한 친구를 깨울 때 사용할 수 있을 만한 몇 가지 방법이 떠오르기도 하지만, 그것은 마음뿐이다.

며칠 전에는 거의 의식을 잃고 자던 30대 남성이 있었다. 10분 가까이 갖은 방법을 다 써봐도 소용이 없었다. 그러다가 혹시, 하고 그에게 전화를 했는데 그는 그 작은 전화벨 소리를 듣고는 갑자기 흠칫, 하고 일어나 전화를 받았다. 몸을 세차게 흔드는 것보다도 오히려 핸드폰의 알람이나 벨 소리에 반응하는 사람들이 있다. 사람마다 자신의 소리가 있는 법이다. 그래서 이제는 몇 번 몸을 흔들다가 핸드폰 알람을 아주 크게 켜놓기로 했다. 누군가에게는 회사에 늦지 않기 위한 소리일 것이고, 누군가에게는 아내의 전화일 것이다.

14
나의 대리가 된 이들을 **추억하지 않을 것이다**

아이의 아버지가 되어야 했다

아이가 태어나고서 내 삶은 많이 바뀌었다. 대학 연구실과 강의실만 오가던 한 인간에게 처음으로 돈을 벌어야 할 이유가 생겼다. 박사과정 수료 후 4년 동안 1년에 한 편씩 꾸역꾸역 써낸 논문은 내가 대학이라는 공간에 유령이 아닌 연구자로서 존재한다는 유일한 증거였다. 그것은 생계도, 그 어떤 사회적 안전망도 보장하지 않았지만 연구자로서의 정체성을 지키기 위해 나는 분투해 왔다. 하지만 갓 태어난 아이와 마주하는 순간 그동안 내가 지켜온 그 무엇도 의미가 없어졌다. 연구자라는 허울을 벗고 아이의 아버지가 되어야 했다. 연구실에서, 거리로 나갔다.

새벽마다 맥도날드에서 물류 상하차를 하는 것으로 나는 가족의 건강보험을 보장받았다. 내가 대학과 맥도날드를 오가는 동안 아내는 육아를 거의 전담했다. 자신의 하루보다 긴 하루를 전부 아이에게 쏟아부었다. 말하자면 '독박 육아'였다. 강의가 끝나고 연구실에서 논문 쓸 자료들을 챙겨 집에 들어오면 집은 전쟁터였다. 특히 아내는 언제라도 눈물이 쏟아질 것 같은 얼굴을 하고 있었다. 그 앞에서 '힘들다'는 말은 차마 나오지 않았다.

나는 아이를 바운서에 눕히고 흔들어주면서 곁에 앉아 논문을 썼다. 하지만 조금도 집중이 되지 않았다. 특히 아이는 방긋방긋 웃거나 나를 물끄러미 쳐다보다가도 아무 이유 없이 한참을 자지러지게 울었다. 그러면 나는 당황해서 아이를 조심스레 안고 흔들어주었다. 한번 터진 울음은 1시간 넘게 계속되기도 했다. 나는 정말이지 이것저것을 다 해보다가 아이를 안고 앉았다 일어났다 반복하면 괜찮아진다는 것을 알았다. 그래서 하루에도 몇 번씩 벌을 섰다. 아이가 울음을 그쳐가는 동안 나는 땀에 젖었다. 다리가 후들거렸지만 야, 이거 헬스장에 갈 필요가 없겠는걸, 하고 좋게 마음먹기로 했다.

그러면서 논문과는 점점 멀어졌다. 나도 모르게 짜증이 늘었다. 다음 단계로 나아가지 못하고 뒤처질 것이 두려웠다. 아이에게 책을 읽어주거나 뽀로로를 틀어주고 박수 치면서도 그 시간을 온전히 함께 보내지 못했다. 자료를 읽고 싶었고 논문이 쓰고 싶었다. 아이를 바라보다가 '너 때문이야' 하는 원망이 문득 생겨나기도 했다. 그런 마음은 아이에게도, 그리고 지켜보는 아내에게도 고스란히 전해졌을 것이다.

아내와는 이때 많이 싸웠다. 사소한 대화가 다툼이 되고 "너는 나를 왜 이해하지 못하니?" 하는 것으로 대개 끝이 났다. 아내는 나에게 "다른 집 남편들은 당신 같지 않아"라고 했고, 나는 "다른 연구자들 아내는 당신 같지 않아"라고 했다. 서로에게 상처가 되는 말이었지만 우리에게는 상대방을 배려할 만한 여유가 없었다. 나는 나대로, 아내는 아내대로, 가족을 위해 자신만이 그 시간을 견디고 있다고 믿었다. 그렇게 악담을 퍼붓는 사이에도 아이는 계속 칭얼거렸다.

육아 경험이 있는 주변의 연구자들은 나에게 학위 논문을 쓰는 것이 유일한 답이라고 조언했다. 다른 일을 하면서 논문이 늦어지게 되면 가족의 고통은 더욱 늘어난다는 것이었다. 그래서 아내에게든, 아니면 양가 부모님에게든 육아를 부탁하고 연구에 매진하라고 했다. 실제로 장모님이 아예 내려와서 뒷바라지를 해주는 선배도 있었다. 그는 덕분에 연구실에 가장 늦은 시간까지 있었고, 누구보다도 독하게 학위 논문을 써 내려갔다.

어느 술자리에서 나는 모 교수에게 "교수님은 아이가 태어났을 때 자주 돌봐주셨습니까?" 하고 물었다. 그러자 그는 "논문 쓰다가 집에 가보면 애가 갑자기 걷고 있더만, 허허" 하고 답했다. 그 자리에 있던 모두가 함께 웃었다. 그러니까 육아는 온전히 아내의 책임이었고 그는 거의 물러서 있었던 셈이다. 그때 나는 '와' 하는 감탄사를 내뱉었다. 그 자리에 있던 모두는 그것을 공부하는 사람의 멋스러움, 아니면 그로 인해 겪어야 할 통과의례 정도로 간단히 해석해 냈다. 교수 역시 미안함이나 부끄러움보다는 '추억'으로 그것을 이야기했다. 그래서 나는 연구실로 돌아가야겠다는 생각을 굳혔다.

주변인에게 나의 대리인간이 되기를 강요하다

얼마 후 나는 아내에게 논문을 쓸 시간을 달라고 말했다. 아내는 지친 표정으로 나에게 얼마나 시간이 필요하겠느냐고 물었고, 나는 1년이면 되겠다고 했다. 그러면서 지금 논문을 쓰지 않으면 벌어질 여러 상황에 대해서 장황하게 설명했다. 아내는 고개를 끄덕였고, 연구실에서 원하는 만큼 논문을 쓰고 오라고 했다.

내가 말한 '1년'은 단순한 1년이 아니었다. 아마도 연구실에서 며칠 밤을 새우고, 집에는 씻기 위해서만 들어가고, 그런 생활을 1년 꽉 채워서 해야 간신히 논문을 완성할 수 있을 것이었다. 석사 논문을 쓰는 마지막 학기에는 정말로 그렇게 했다. 하지만 아내와 아이를 둔 가장으로서 나는 그렇게 모질거나 독한 위인이 되지 못했다. 연구실에 있는 동안에는 어떻게든 논문을 써나갔지만 가시방석이었다. 밤늦게 집에 들어가면 아내와 아이의 얼굴을 똑바로 쳐다보기가 힘들었다. 1년만 참자는, 누구를 향한 것인지 모를 혼잣말을 하면서 하루하루를 버텄다. 여전히 새벽부터 점심까지는 맥도날드에서 일을 했다. 적어도 내 가족의 건강보험은 책임지고 싶었다.

연구자이면서 남편과 아버지도 되어야 했다. 한참을 고민한 끝에 장모님을 1년쯤 모시고 살면 어떨지 아내에게 물었다. 몸도 머리도, 그리고 감정도, 지칠 만큼 지쳤을 때였다. 하지만 아내는 장인어른이 그것을 견뎌낼 것 같지 않다고 답했다. 그러고 보니 차로 20분 거리에 계신 장모님은 일주일에 한 번 오가는 일도 버거워했다. 결국 서울에 계신 어머니께 전화를 드렸다. 사정이 이러저러하니 1년 정도 아이 돌보는 것을 도와달라고 여쭈었다. 어머니는 너희가 맞벌이를 하는 것도 아니고 자신이 왜 그래야 하느냐고 되물었다. 그러면서 우리가 너희를 키울 때는 그러지 않았는데 엄살이 심하다는 말도 덧붙였다.

어머니의 말은 틀린 데가 없었다. 하지만 나는 주변 연구자들뿐만 아니라 다른 친구들도 모두 육아를 하는 데 양가의 도움을 받고 있다고 항변했다. 한 아이를 키우기 위해서 두 세대의 희생이 필요한 시대다. 아이의 부모는 일하고, 은퇴한 조부모가 손자를 돌보고, 이것은 어느덧 한 '집안'이 살아남는 방식이 되었다. 그러나 어머니는 내 주변은 안 그런데, 하는 것으로 끝이었다. 역시나 '엄마 친구 아들'들은 모두 저녁이 있는 삶을 살며 육아도 척척 해내는 인간으로 진화한 모양이었다.

한동안 그렇게 '구걸'을 했다. 지금에 와서 돌이켜보면 나는 끊임없이 나를 대신할 '대리인간'을 찾아다녔다. 부모에게, 아내에게, 어쩌면 나의 아들에게까지 나를 위한 대리의 삶을 살아줄 것을 강요/부탁했다. 이것은 우선 내가 나약하고 못난 인간이기 때문이다. 그러나 대학은 강의하고 연구하는 한 인간을 노동자로도, 사회인으로도, 제대로 대우하지 않았다. 학문의 길은 원래 그런 것이라는 환상만을 덧입히면서 그 대상을 어디에서도 주체로 서지 못하게 만들었다. 만일 연구하고 강의하는 것으로 나의 가족이 그럭저럭 생계를 해결할 수 있었다면, 혹은 건강보험과 같은 사회적 안전망을 보장받을 수 있었다면, 나는 여전히 대학에서 학문의 길을 걸어가고 있었을 것이다.

지금 타인의 운전석에서, 오히려 더 주체로서 살아간다

박사 한 명을 배출하는 데는 온 집안의 희생이 필요하다. 교수가 되려는 욕망이 없더라도 대학에 남는다는 것은 그러한 의미가 된다. 학자를 꿈꾸는 한 인간을 위해서 그의 어머니가, 아버지가, 아내가, 남편이, 그리고 자식들이 동원된다.

그렇게 해서 정규직이 된다고 해도 그 누구도 행복하지 않을 것이다. '교수 아내', '교수 부모'가 되는 것으로 그들의 희생이 보상받을 수는 없다. 그러한 고난을 추억으로 강요하는 것은 너무나 염치없는 폭력이다. 소중한 이들의 상처를 딛고 일어나야 하는 것이 대학의 학자라면, 나는 하지 않기로 했다. 아내와 아들의 얼굴을 자랑스럽게 바라볼 수 있을지 자신이 없었고, 더 이상 대학이라는 괴물의 욕망을 대리하면서 살고 싶지 않았다.

아이가 처음으로 뒤집기를 하던 날을 기억한다. 아내의 어머, 하는 비명 소리에 달려가자 아내는 아이가 몸을 뒤집었다고 감격스럽게 말했다. 제 목을 제대로 가누지도 못하던 아이는 정말로 엎드려 있었다. 그 후에도 조금씩 성장의 단계를 밟아갔다. 비틀대며 혼자 서서 걷기 시작했고, 나중에는 팔을 휘저으며 뛰었다. 그리고 어느 날 엄마, 아빠, 물, 말고 '빵'이라는 단어를 말했다. 나도 아내도 함께, 그 기적 같은 순간을 목도했다. 나는 아이를 두 팔 벌려 높이 들고는 그래, 빵 먹자, 하면서 웃었다. 눈물이 날 것 같아서 나는 웃었다.

대학의 강의실과 연구실에서 타인에게 내 삶을 대리하기를 강요하던 때보다, 오히려 지금 타인의 운전석에서 나도, 나의 소중한 이들도, 더욱 자신의 자리에서 주체적인 삶을 살아간다. 특히, 아버지로서 조금 더 많은 시간을 보낼 여유가 허락되었음에 감사하다.

사회는 우리를 '대리인간'으로 만든다. 나아가 소중한 사람들에게 희생을 강요하게 한다. 그러한 대리사회의 욕망은 결국 모두를 집어삼키고, 주체로서의 자리 역시 빼앗는다. 하지만 그러한 고난의 시간을 추억으로 남겨서는 안 된다. 대학에서 10년 가까이 연구자로 있는 동안, 외로운 한 존재를 바라보는 이들은 그보다 더 외롭다는 것을 알았다. 조금 더 일찍 알았더라면 그들이 상처받기 이전에 '고맙다'거나 '사랑한다'고 말해 주었을 것이다. 그 시간이 지나가면 모두 추억이 될 것이라 믿었지만, 그런 일은 일어나지 않았다.

여전히 나의 역할을 대리하는 소중한 이들이 있다. 아내는 지금도 하루보다 긴 하루를 살아낸다. 이제는 할아버지, 할머니가 된 나의 부모님은 아직도 나의 걸음마를 지켜보는 듯하다. 내가 버텨내는 것은 그 때문이다. 하지만 나는 그들을 추억하지 않기로 한다. 대신 온전히 기억하고 아파할 것이다. 그렇게 어제보다 조금은 더 아이의, 아내의, 그리고 내 소중한 이들의 눈을 조금 더 오랫동안 따뜻하게 바라볼 수 있어서, 그 어느 때보다도 즐거운 나날들이다.

제가 감히 ○○꿈을 꾸었습니다 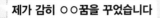   2016. 8. 12.

대리운전을 하면 이런저런 차를 다 타본다. 1톤 트럭을 가져와서 나를 당황하게 한 사람도 있었고, 영화에서만 보던 외제차와도 종종 만난다. 6월에만 100번 가까이 타인의 차에 올랐다.

외제차를 탈 때면 처음에는 불안불안했는데 요즘은 돈 받고 시승한다고 마음을 먹었다. 사실 내가 언제 벤츠, 폭스바겐, 아우디, BMW를 타보겠나 싶다. 그에 더해 나중에 언젠가 외제차를 사게 된다면 어떤 브랜드를 살까, 하는 즐거운 상상도 한다.

벤츠는 뭔가 무겁고, 폭스바겐은 나와 안 맞았고, 제일 잘 나가는 건 포드였고, 뭐 그랬다. 그런데 오늘 나에게 꼭 맞는 자동차를 찾았다. 뭐랄까, 운전석에서 보이는 차체의 풍경이 참 좋았고, 핸들은 너무 가볍지도 무겁지도 않게 돌아갔고, 차가 정말이지 스르륵, 하고 움직였다. 처음 보는 모델이어서 집에 와서 검색해 보니,

'마세라티.'

제가 감히 마세라티를 꿈꾸었습니다. 죄송합니다.

15
나는 빠주의 **대리운전사**

평가절하된 1대리

6월 중순부터 말까지, 아내와 함께 대리운전을 했다. 내가 8시부터 첫 콜을 받아 일하다 보면 아이를 재운 아내가 10시나 11시쯤 나와서 그때부터는 2인 1조로 일했다. 아내는 자신도 5월 말부터 일을 시작했더라면 좋았겠다고 종종 말했다. 그것은 나의 고생을 덜어줄 수 있어서 다행이라는 의미이기도 하지만 사실 생각보다 버는 돈이 많았기 때문이다.

우리가 일한 원주는 시내와 시내를 오가는 콜이 많은데 대개 10분이면 운행이 끝난다. 최근에 조성된 여러 택지들이 이웃해 있고 그 사이를 잇는 도로들이 잘되어 있어서다. 어디를 가든 대개 기본요금 1만 5천 원이고, 문막이나 혁신도시, 아니면 여주까지 가는 경우에나 2만 원이나 3만 원씩 추가 요금이 나온다. 그런데 카카오에서는 한 콜에 5천 원의 운행지원금을 얹어주었다. 그러니까 10분을 운전하고 나면 2만 원을 번다. 기본요금에서 20퍼센트의 수수료를 떼더라도 1만 7천 원이 온전히 내 손에 들어오는 것이다. 물론 복귀하는 시간이라든지 뛰고 걷는 노동의 비용을 함께 계산해야겠지만 운전하는 시간만 두고 보면 그렇다.

9시부터 새벽 2시까지 적으면 4콜, 많으면 7콜 정도를 받았다. 그래서 하루에 7만 원이나 12만 원을 언제나 벌었다. 절반은 일이 끝나는 대로 아내에게 주고 나머지는 두었다가 생활비에 보태기로 했다. 아내는 그동안 사지 못했던 아이의 장난감을 하나둘 장만해 나갔다. 뽀로로 인형은 2대리, 농구대는 3대리, 하는 식으로 아내의 화폐 단위는 원이 아닌 대리가 되었다. 그러니까 1대리는 1만 7천 원으로 환전되는 것이다. 나는 이때 처음으로 '돈을 버는 재미'를 알았다. 당연하겠지만, 대학에서 강의할 때보다 더 많은 돈을 벌었다. 아내에게도 '함께 땀 흘려 번 돈'이라는 감각이 있었던 것 같다. 이것을 맞벌이라고 하기에는 무언가 민망하지만, 그래도 가계 수입의 한 주체라는 자부심을 보였다. 내가 하루 쉬자고 해도 나를 억지로 잡아끌고 나가기도 했다.

몇 년 전 대리운전을 이용하다가 중년의 기사님과 이런저런 이야기를 나눈 기억이 있다. 그는 아내와 함께 2인 1조로 일을 한다고 했다. 뒤에 따라오고 있는 차를 가리키고는 저 차에 제 아내가 타고 있습니다, 하고 말했다. 나는 힘드시겠어요, 하고 물었는데 그는 전혀 그렇지 않다면서 둘이서 한 달에 400만 원에서 500만 원을 번다고 했다. 그것으로 아이들 대학을 다 보냈다고 덧붙여서 나는 에이, 그래도 그건 좀, 하고 못 미덥게 여겼다. 하지만 내가 직접 그 전선에 뛰어들고 보니 한 달 내내 이른 저녁부터 새벽까지 아내와 둘이 일한다면, 그리고 적당한 콜을 받을 수 있는 여건이 된다면, 정말로 그럴 수 있을 것이었다. 아내는 아이가 좀 크면 그때부터는 본격적으로 함께 해보면 어떨까, 하고 은근히 기대하는 눈치였다.

그런데 원주 지역의 카카오 기본요금이 7월부터는 1만 원으로 내렸다. 운행지원금도 없어졌다. 서울이나 대도시의 기본요금은 여전히 1만 5천 원이었지만 지방 중소도시의 대리운전 기본요금이 일제히 조정되었다. 사실 그동안 나는 '호사'를 누려왔다. 카카오가 아닌 원주의 시내 대리운전비는 7천 원이나 8천 원이다. 내가 만약 지역 대리운전 업체에서 일했다면 기본요금 한 콜을 타고 버는 돈은 수수료와 이런저런 명목의 추가 비용을 제외하고 5천 원 내외가 된다. 물론 영향력이 있는 업체라면 조금 더 콜을 많이 받을 수 있고 픽업 차량도 제공되겠지만, 노동의 가치가 너무나 저렴하게 고착되어 있는 것이다. 6월 한 달 동안 나는 지역의 다른 대리운전 기사들이 서너 번 바쁘게 움직여야 벌 수 있는 돈을, 한 번 콜을 받는 것으로 벌었다.

7월이 되면서 손님에게 만 원을 할인해 주는 이벤트도 끝이 났다. 6월 한 달 동안 원주 시민들은 5천 원에 카카오 대리운전을 이용할 수 있었으니 기존 업체들보다도 2천~3천 원이 저렴했다. 하지만 제 가격으로 돌아오자 카카오를 호출하는 손님이 많이 줄었다. 1시간이 넘게 아무런 콜이 없는 날도 많았다. 그러는 동안 지역 대리업체의 기사들은 바쁘게 돌아다녔다. 고작 몇천 원 차이라고는 해도, 같은 조건이라면 누구나 저렴한 쪽을 선택하는 것이 당연하다.

1대리는 1만 7천 원에서 8천 원으로 절반 이상 강제로 절하되었고, 그나마 있던 콜도 뜸해졌다. 버는 돈이 줄어들자 아내는 당황스러워했다. 이전에는 콜이 나오면 졸다가도 일어나서 와, 가자 가자, 하더니 이제는 으응, 갈까, 하고 미적지근해졌다. 나도 덩달아 기운이 빠졌다.

파주행을 권유받다

일을 마치고 집에 들어오면 새벽 1시나 2시쯤 되었다. 아내는 아이 곁에 가서 누웠고, 나는 맥주를 한 캔 마시고 노트북 앞에 앉았다. 긴장이 풀리고 몸이 이완되면서 곧 잠이 쏟아졌지만 누구를 만났는지, 무슨 일이 있었는지, 그때의 감정은 어땠는지, 하는 것을 간단하게나마 기록해 나갔다. 가끔은 타인의 운전석에서 내리며 몸이 느낀 그 감각을 잃고 싶지 않아서 집까지 뛰어 들어와 정신없이 글을 쓰기도 했다.

6월 한 달 동안 86콜을 탔다. 일주일 정도를 쉬었으니 하루 평균 3~4콜은 꾸준히 받은 셈이다. 주체와 대리의 경계를 86번 오가는 동안, 이 르포르타주의 제목을 '대리사회'로 정했다. 이 사회 어디도 타인의 운전석이 아닌 곳이 없구나, 하는 결론을 내린 것과 거의 동시였다. 목차를 거의 잡고 글을 써나가기 시작했다.

그런데 역설적으로, 글을 쓸 시간이 부족했다. 여전히 저녁부터 이른 새벽까지는 계속 대리운전을 했다. 고작 한 달 일하고 '대리사회'라는 거창한 글을 쓰기는 나부터도 우선 납득이 안 되고, 무엇보다도 어느덧 대리운전은 글을 쓰는 것 이상으로 가족의 생계가 되어 있다. 그런데 아침부터 저녁까지는 온전히 글을 쓰고 싶었지만, 아이와 함께하는 시간은 그것을 쉽게 허락하지 않았다. 임시로 만든 서재에 앉아 있으면 아이가 '아빠' 하면서 달려와 안기거나, 아니면 춤을 추며 돌아다니거나, 어딘가 부딪혀 넘어지며 울기도 했다. 아이를 보는 데는 두 사람의 하루를 합친 것보다도 더 많은 시간이 필요했다.

집 근처 스터디카페에서 글을 써보기도 했다. 하지만 공무원 시험을 준비하는 동생들 사이에서 팔자 편하게 글을 쓰고 있자니 민망한 것이었다. 그곳의 가라앉은 공기는 대학원의 합동연구실 이상이었다. 하나같이 공무원 수험서를 장벽처럼 쌓아놓고는 노트북으로 동영상 강의를 보았다. 네모난 초시계도 모두의 필수품이었다. 그러니까, 거기는 전쟁터였다. 물론 나에게도 글을 쓰는 행위가 생계를 위한 전쟁이기는 했으나, 그 안에서 가장 우아한 인간이었던 것이다. '대리사회'

라는 제목의 글을 쓸 만한 장소가 못 되었다. 아이가 나를 찾는 걸 뻔히 알면서 속 편히 바깥에서 오랜 시간을 보내기도 멋쩍어서, 되는 대로 집에서 꾸역꾸역 글을 써나갔다.

그러던 어느 날, 아내는 나에게 다음과 같이 말했다.

"당신, 파주로 가. 거기에서 3개월 동안 글을 써. 아이는 내가 볼게."

'파주'는 우리 둘 모두에게 생소한 도시다. 방송 출연을 계기로 가까워진 출판평론가 K선생의 초청으로 함께 다녀온 것이 전부인데, 그때 적당한 매력을 느꼈다. 출판단지의 북카페와 도서관이 특히 그랬다. 파주는 내가 글을 쓰기에도 꼭 맞았고, 아이가 책과 친해지기에도 좋아 보였다. 그래서 이주를 조금씩 이야기하고 있던 참이었다. 아내는 어리둥절해하는 나에게 지금처럼 아이에게 시간을 뺏기면서는 죽도 밥도 안 될 것 같아 보인다고 했다. 그러면서 1년 동안 글만 쓰겠다고 한 시간이 얼마 남지 않았는데, 몇 개월만이라도 그렇게 하는 게 좋지 않겠느냐고 덧붙였다.

우선 감사한 제안이었지만 쉽게 대답을 하지 못했다. 나는 이미 몇 년 전에 논문을 쓰겠다며 내 주변인들에게 나의 역할을 부탁/강요하고는 연구실로 도망쳤다. 내가 있어야 할 자리마저 아내에게, 아니면 어머니와 장모님에게 떠넘기려 했다. 나와 주변인들을 모두 '대리인 간'으로 만들었음이 아프게 다가오던 참이었다. 다시는 그러지 않고자 마음먹었는데, 이번에는 아내가 먼저 나에게 도망치라고 말해 주었다. 빈자리는 자신이 어떻게든 메꾸겠다고 했다.

나는 사실 아내의 제안을 당장 받아들이고 싶었다. 그러면 글을 쓸 시간도 늘어날 것이고, 대리운전도 더 수월하게 할 수 있을 것이었다. 그래도 흔쾌히 그러겠노라고 하기에는 눈치가 보이고, 또 염치가 없었다. 우선 작업실로 쓸 원룸을 한번 알아보겠노라고 멋쩍게 답했다.

아내는 고개를 끄덕이면서 파주가 아이와 함께 오래 살 만한 도시인지 대리운전을 하며 구석구석 살펴보라고 했다. 하긴, 대리운전을 하다 보면 어느 도시의 모습이 입체적으로 들어온다. 고립되어 있는지 아니면 다른 도시와 소통 가능한지도 자연스럽게 알게 된다. 정류장이 어디에 있는지, 거기에 광역버스는 얼마나 있고 몇 시까지 다니는지, 여기에서 나가는 사람이 많은지 들어오는 사람이 많은지, 그래서 그 도시가 살아 있는지 죽어 있는지 보인다. 그에 더해 그 도시의 사람들이 대리운전 기사를 대하는 표정과 말투에서도 많은 것이 읽힌다. 말하자면 '품격'이라고 해야 할까, 당연하겠지만 그 도시를 구성하는 사람들이 도시의 격을 결정짓는 것이다.

며칠 후, 나는 파주 금촌에 월 30만 원짜리 원룸을 구했다. 이때부터 본격적으로 서울과 파주를 오가며 대리운전을 시작했다. 아내에게 함께 대리운전을 하던 때보다 돈을 더 번다며 신이 나서 전화를 하기도 하고, 비를 맞으며 신림에서 합정까지 걷기도 하고, 대리기사를 위한 셔틀 정류장을 만나 감격하기도 했다. 원주에서 대리운전의 초보는 떼었다고 생각했는데, 사실 이제부터 시작이었다.

그렇게 나는 '빠주의 대리운전사'가 되었다.

어머니는 미리 알았나 보다   2016. 7. 3.

새벽 4시에 들어와서는 시리얼을 말아서 우유 한 통을 다 마셨다. 교하신
도시에서부터 금촌역까지 걸었다. 들어와서는 되는 대로 옷을 갈아입고
점심에 사둔 시리얼을 뜯었다. 고등학교 때는 집에 오면 항상 그랬다. 죠
리퐁 하나를 뜯어 1리터 우유와 함께 앉은자리에서 다 해치우곤 했다. 어
머니는 어느 날 탈지분유가 섞인 우유를 사 왔다. 먹다가 내가 맛이 이상
하다고 하니 미안한 표정을 지으며 그게 값이 싸서 사 왔다고 했다. 다음
날부터는 다시 늘 먹던 우유가 두 개씩, 냉장고 자리를 차지하고 있었다.
고등학교 때 이후 거의 처음으로 이렇게 우유를 마신다. 낮에 작업실에 들
렀던 어머니는 우유를 사서 냉장고에 채워두었다. 이제는 이전처럼 잘 마
시지도 않으니 다 못 먹는다고 했는데, 어머니는 내가 이럴 것이라고 미리
알았나 보다. 새벽에 정신없이 우유와 시리얼을 먹어치우면서 괜히 마음
이 짠하다.

불단밥 먹으렴   2016. 7. 6.

친애하는 K형님께 오랜만에 안부 전화를 드렸다. (전화라는 단어를 빼면
1910년대 편지글의 서문 같다……) 파주에서 밥은 먹고 다니냐 물으셔서
김혜자와 백종원이 잘 차려주고 가끔 혜리도 밥을 해주더라고 답했다. 그
러니까 '불단밥' 먹어……라고 한다. 불에 닿은 밥, 참 고마운 표현이다.
단어를 오래 기억하고 싶어서 글을 남긴다. 그것과 별개로 오늘은 편의점
에서 어떤 도시락을 먹을까, 하고 들떠 있는 건 민망하다.

16
원주를 떠나며, **나의 아내에게**

강태공과 허생의 아내들

강태공은 내가 아는 가장 유명한 낚시꾼이다. 낚시터에서의 선문답을 통해 관직을 얻은 그는 폭군 주왕을 몰아내는 데 공을 세웠고, 제나라의 제후가 되어 화려하게 고향 땅을 밟았다. 그는 바늘 없는 낚싯대를 드리우고 한 시대를 들어 올렸다. 그러한 스토리텔링에 더해 그를 더욱 유명하게 만든 일화가 있다. 그는 "쏟아진 물은 다시 주워 담을 수 없다"는 고사의 주인공이기도 하다.

젊은 날의 강태공은 가난했다. 그러나 그는 집안을 돌보지 않고 오로지 책만 읽었다. 그가 공부에 매진하는 동안 아내는 홀로 많은 것을 감당해야 했다. 어느 날 아내가 집을 비운 사이 큰비가 왔지만 강태공은 여전히 책만 읽었다. 집에 도착한 아내는 마당에 널어둔 곡식이 모두 떠내려간 것을 보았다. 가난한 그들에게 그 곡식이 어떤 의미였을지는 쉽게 짐작할 수 있다. 결국 강태공의 아내는 결별을 선택한다. 강태공이 만류했지만 더 이상 그런 삶을 살지 않겠다고 선언하고는 집을 나온다.

소설 속의 인물이지만 《허생전》의 허생 역시 강태공과 닮았다. 《허생전》에는 "허생은 글 읽기만 좋아하고, 그의 처가 남의 바느질품을 팔아서 입에 풀칠을 했다"고 적혀 있다. 아내가 글을 읽어 무엇하느냐며 도둑질이라도 해야 하는 것 아니냐고 묻자 허생은 "아깝다. 내가 당초 글 읽기로 10년을 기약했는데 이제 겨우 7년인걸……" 하고는 책을 덮는다. 그다음부터는 우리가 아는 허생의 이야기다.

많은 이들이 강태공의 아내를 '악처'로, 허생의 아내를 철없는 인물로 기억한다. 남편을 끝까지 내조하지 않고 도망쳤고, 배고픔과 같은 사소한 욕구를 이기지 못해 남편의 앞길을 막았다고 비난한다. 말하자면 아내의 역할을 다하지 않았다는 것이다. 실제로 강태공은 아내에 대한 원한이 깊었다. 제후가 된 자신을 찾아온 아내의 앞에 물 한 동이를 쏟아붓고는 그 물을 다시 주워 담을 수 있겠느냐고 묻는다. 그가 얼마나 아내를 원망했는지 잘 드러나는 대목이다.

그런데 부부는/가족은 한 동이의 물을 함께 지고 버티는 존재다. 하지만 강태공도 허생도 물동이를 지려고 하지 않았다. 조금만 버티면 그것을 내려놓게 해주겠다면서 그 역할에서 완전히 물러났다. 물이 가득 찬 물동이를 홀로 위태롭게 지고 있던 한 여인은, 결국 그것을 놓아버렸다. 물을 쏟은 책임은 우선 자신의 역할을 외면한 이들에게 있다. 그러나 강태공은 스스로를 돌아보는 대신 아내를 원망했다. 허생 역시 아내에게 7년 동안 홀로 물동이를 지게 만들었다. 그렇게 그들은 아내에게 자신의 '대리인간'이 되기를 강요했다.

나는 당신을 그들의 아내로 만들었다

대학에서 강의하고 연구하는 동안 나는 당신을 강태공과 허생의 아내로 만들었다. 강태공이 그랬듯 참고 견디면 좋은 날이 있을 것이라는 주문을 외웠고, 허생처럼 몇 년이라는 시간을 벼슬처럼 정해 두기도 했다. 내 주변의 연구자들도 대개 나와 같았다. '학자', '지식인'이 되려는 이들은 그렇게 몇백 년의 시간이 지나는 동안 조금도 진화하지 않았다. 정확히 말하면 그들을 둘러싼 환경은 여전히 가혹하다. 하지만 그것을 숙명이나 하나의 '로망'처럼 받아들이는 것은 개인의 문제다.

결혼을 앞두고 당신이 나의 주변인들에게 가장 많이 들은 말은 공부하는 사람을 잘 내조할 수 있을까, 하는 것이었다. 당신은 제가 잘할게요, 하고 말했고 그것으로 결혼할 자격을 부여받았다. 질문한 사람들은 만족했고 나 역시 곁에서 안도의 한숨을 내쉬었다. 하지만 그것은 분명히 제대로 된 삶의 방식이 아니다. 그러한 희생이 '내조'라는 이름으로 포장되어 숙명처럼 강요된다면, 분명히 잘못된 것이다.

어쩌면 그때의 나를 비롯해 강태공과 허생은 자신들이 홀로 물동이를 지고 있다고 여겼는지도 모른다. 오히려 자신이 가족을 위해 희생하고 있고, 아내는 그 보조적 역할을 한다고 믿는 것이다. '내조'라는 단어에는 그러한 '보조'의 의미가 선명하게 담겨 있다. 그러면 그들이 아내에게 보인 태도들이 대부분 설명된다.

지난 7월부터는 당신의 권유에 따라 파주에 6평짜리 작업실을 얻었다. 얼마 지나지 않아 아는 분의 후의로 망원역 근처에 글을 쓸 공간을 얻어 자리를 옮겼지만, 여전히 당신과 아이와는 떨어져 지낸다. 대학에 있을 때와 그다지 달라진 것이 없다. 다시 한번 내 역할에서 도망쳐 나왔다. 글쓰기와 대리운전으로 번 돈을 꼬박 생활비로 부치고는 있지만, 그것은 내가 맡아야 할 여러 역할 중 일부이고 가장 간편한 방식이기도 하다.

나는 강태공처럼 한 시대를 들어 올리거나 허생처럼 국가를 움직일 만한 자신이 없다. '대리사회'가 어떠한 의미를 가진 책이 될지 잘 모르겠다. 그러나 지금 이 시간에도 '대리사회'라는 글을 쓰는 한 사람의 빈자리를 대리하고 있는 사람이 있다. 그러한 역설에 고마움보다는 미안함이 크다. 고작 그것이 나를 대신해 물동이를 받치고 있는 당신에게 내가 가질 수 있는 최소한의 염치다.

삶의 무게는 힘겹지만, 어떻게든 그 누구도 넘어지지 않아야 한다.

당신도 나도 잘 버텨내기를 바란다. 어서 돌아가 물동이의 무거운 부분을 내가 받치고 싶다. 서로를 삶의 주체로 두는 가운데 글쓰기도 그 무엇도 계속해 나가고 싶다.

아이의 생일이었다

2016. 8. 10.

열흘 만에 아이와 만났다. 공을 잡아 들더니 농구 골대에 가져다 넣는다. 그런 지 며칠 되었단다. 그런 기적 같은 순간에 함께하지 못하는 것이 가장 죄스럽다. 생일을 축하해 주고 내일이면 다시 혼자 서울로 올라간다.

디아스포라의 노동자들

2016. 10. 31.

이동노동자, 이주노동자, 그러고 보면 '옮기다'의 음 '이'가 들어가는 단어는 모두 외롭다. '디아스포라'는 '이산'으로 풀이되곤 하는데, 결국 공간을 옮긴다는 것은 새로운 주체가 되어야 한다는 의미가 된다.

'(옮기다) 이'라는 그 음이, 대리운전이라는 노동을 하는 동안 무겁게 다가온다. 이동(하다), 이주(당하다), 이산(되다), 그런 경계의 단어들이 있다. 어느 교수님이 퇴임하고 그 빈자리에 잠시 내 후배 연구자가 들어간 일이 있다. 다음 날 오전에 거기에 가봤더니 이미 거기는 다른 공간이 되어 있었다. 퇴임한 노교수의 자리였다고는 상상할 수 없을 만큼 이미 20대 석사 연구자가 자신의 자리로 뒤바꾸어 놓았다. 그것은 '이'와 '주'가 적나라하게 드러난 현장이었다. 다만 '주'를 선언하는 간격이 너무나 빨라서 불편했던 기억이다. 아마도 나는 그렇게 빨리 어느 공간에서 주체임을 선언하기 힘들 테니까 그랬을 테고, 그 후배도 결국 그 '이'의 불안함이 그렇게 나타나지 않았을까 싶다.

17

내일은 조금 더 오래 **살아남고 싶다**

광역버스와 심야버스, 내 다리가 되어주는 것들

7월부터는 파주에서 대리운전을 시작했다. 하지만 원주와 비교해 눈에 띄게 콜이 많지는 않았다. 금촌과 교하신도시를 오가는 콜이 종 종 있었지만, 들어가면 다시 나올 길이 막막했다. 일을 시작한 지 이 틀 만에 파주 출판단지에 갇혔다. 버스 막차는 끊겼고 콜이 나올 것 같지도 않았다. 결국 새벽 2시에 작업실이 있는 금촌역까지 걸어가기 로 했다. 자동차 전용도로의 갓길을 따라 걸었다.

덤프트럭이 굉음을 내고 달려올 때마다 무서워서 몸을 움츠렸다. 도중에 이러다 잘못될 것 같아서 몇 번이나 콜택시를 불렀지만 오지 않았다. 정말로 걷는 수밖에 없어서 핸드폰을 플래시 삼아 이리저리 비추면서 걸었다. 문산까지 걸어가는 게 아닌가 싶었는데, 새벽 4시가 다 되어 간신히 작업실에 도착했다. 그나마도 금릉역에 도착해서 택시가 보이자마자 잡아탄 것이다. 냉장고에서 우유를 꺼내 정신없이 마시고는 쓰러져 잠들었다. 차라리 원주에서 일을 할 때가 훨씬 나았다. 그때는 그래도 시내권 어디에서든 1시간 정도 빠르게 걷는 것으로 집에 도착할 수 있었다. 무엇보다도 거기에는 가족이 있으니까, 어디에서든 든든했다.

이대로는 안 되겠다 싶어서 대리운전 기사의 온라인 커뮤니티에 접속했다. '새달사', '새벽을 달리는 사람들'의 약자다. 나는 일을 하는 동안 틈이 나는 대로 이 커뮤니티에 올라오는 글을 찾아 읽었다. 그것은 전국에서 실시간으로 올라오는 또 다른 나의 이야기였다. 오늘 만난 손님이 어떠했다든지, 얼마의 팁을 받았는데 아내가 기뻐하겠다든지, 어디에서 해장국을 먹고 있다든지, 그러한 글들을 읽으며 많은 위로와 힘을 얻었다. 그리고 무엇보다 그들의 노하우를 배울 수 있어서 좋았다.

새달사 커뮤니티에서 '파주'라는 키워드를 검색해 보니 일산 '라페스타'로 가라는 의견이 많았다. 뭐 하는 곳일까 싶어 버스를 타고 나가보았는데 별천지가 나타났다. 유흥가라고 하기에 알맞은 거리가 끝도 없이 이어졌다. 그래서 글을 쓰다가 저녁이 되면 라페스타로 가서 콜을 받아 일하곤 했다. 일산 시내뿐만 아니라 서울이나 파주로 가는 콜도 많이 나왔다.

파주와 서울, 그리고 여러 도시를 오가면서 나는 그동안 몰랐던 여러 '탈것'들을 알게 되었다. 원주와는 달리 나의 발이 되어주는 수단들이 많았다. 무엇보다 '광역버스'는 정말 감사한 존재였다. 김포, 남양주, 수원, 인천, 분당, 어디 할 것 없이 서울행 광역버스가 반드시 몇 대는 있었다. 그래서 12시 이전에만 운행을 마치면 강남, 사당, 서울역, 합정으로 돌아가는 광역버스를 탈 수 있었다. 김포에서 합정까지 광역버스가 15분 만에 도착하는 것이 마냥 신기했다. 여러모로 지하철보다 나았다.

막차가 끊긴 시간부터 첫차가 출발할 때까지 1시간에 한 번씩 다니는 '심야버스'도 있었다. 처음 탔을 때는 버스를 꽉 채운 사람들이 거의 취객일 것이라 생각했는데 대부분이 대리운전 기사들이었다. 다들 한 손에 핸드폰을 들고 먼저 콜을 잡으려고 간절히 화면을 바라보았다. 콜이 들어올 때마다 여기저기서 뻐꾸기 알림음이 났다. 정류장마다 한두 명씩은 "네, 곧 갑니다" 하는 전화를 하면서 내렸고, 새로운 사람들이 그만큼 버스에 올랐다.

지하철은 생각보다 늦게까지 다녔다. 판교에서 신분당선 막차가 12시 53분까지 있고, 그걸 타면 15분 만에 강남역까지 도착한다. 광교, 테크노밸리, 정자역에서 각각 서울로 올라가는 콜을 기다리던 대리운전 기사들이 하나둘 막차에 올라탔다. 강남행 막차에 오르면 승객의 90퍼센트는 나와 닮은 이들이었다. 대개는 핸드폰을 손에 꼭 붙잡고

들어오는 콜을 보았지만, 어차피 지하철에서는 GPS가 잘 잡히지 않
으니 서로 오늘 어디에 다녀오셨느냐며 이야기를 나누기도 했다. 나
는 피곤하기도 하고 그다지 붙임성 있는 성격이 아닌지라 축 늘어져
서 새달사에 새로 올라온 글들을 이것저것 보곤 했다.

파주에 자리를 잡은 것이 후회가 되다

그런데 일을 하다 보면 자연스럽게 합정역이나 강남역과 가까워졌
다. 강남은 그렇다 치고 왜 자꾸 합정으로 돌아오게 되는지 궁금했는
데, 나중에는 자연스럽게 알게 되었다. 광역버스는 물론이고 심야버
스, 그리고 많은 셔틀버스가 합정을 지나갔다. 그러니까, 정류장이 가
장 많은 하나의 거점 지역이었다. 특히 자유로를 타고 일산, 파주로
빠질 수 있는 관문이기도 했다.

셔틀에서 만난 50대 대리기사 선배는 내가 "합정이 대리운전하기
좋은 동네인 것 같아요"라고 하자, "강남 다음으로 제일 좋지" 하고 답
했다. 그러면 그냥 합정역 근처에 작업실을 마련할걸 그랬나, 하는 후
회가 슬슬 들었다. 사실 파주가 출판도시인 것과 내가 당장 글을 쓰고
그에 따른 노동을 하는 데는, 정말이지 아무런 상관관계가 없었다. 게
다가 합정은 내 고향인 망원동 인근이었다. 부모님은 여전히 내가 어
린 시절을 보낸 그 집터에서 살고 계신다. 그래서 나는 합정으로 복귀
하면 굳이 파주로 가는 콜을 기다리지 않고 부모님의 집으로 갔다. 새

벽 2~3시에 잠드신 부모님을 깨우며 집에 들어가곤 했다.

새벽 1시가 지나고 나면 막막했다. 우선 콜이 현저하게 줄어들었고 심야버스를 제외한 모든 막차가 끊겼다. 프로그램을 몇 개씩 가지고 있는 전업 기사들은 어떻게든 용케 이동하며 새로운 콜을 받는 것 같았지만, 나는 카카오드라이버를 실행한 채로 서울 시내 한복판에 덩그러니 서 있곤 했다. 외로움은 물론이고 홀로 버려진 기분이었다. 하지만 그럴 때면 집에 있을 아이의 얼굴이 떠올랐다. 그러면 정말로 두 다리에 힘이 들어갔다. 그리고 핸드폰의 배터리가 충분하면 그런 대로 마음이 든든했다.

대리기사를 위한 셔틀버스를 어디선가 탈 수 있는 것 같은데, 그 방법을 알 수가 없었다. 정류장이 있기는 한 건지, 나에게 탈 자격은 있는지, 그저 답답했다. '새달사'에서도 뭔가 속 시원한 답변은 없었다. 걷다 보면 와서 픽업해 줄 것이라는 내용이 제일 많았다. 지도를 띄워 놓고 합정 방향으로 무작정 걸었다. 신림에서 당산까지 걸어오고는 택시를 타고 양화대교를 건너기도 했고, 동작구에서 영등포까지, 공덕에서 합정까지, 콜을 기다리면서 묵묵히 걸었다. 그 새벽에 한강 다리를 건널 자신은 없어서 양화대교 근처까지 걸어가서 택시를 탔다. 선유도로 가면 '개화-합정'을 잇는 심야버스가 있다는 것은 나중에야 알았다.

한동안 대중교통과 두 다리만으로 파주와 서울 여기저기를 누볐다. 저녁 8시부터 새벽 2시까지 7콜을 받은 어느 날의 일지는 다음과 같다.

출발지 19:55 (마포구 성산동)

도착지 20:19 (은평구 신사동) 1만 7천 원

출발지 20:35 (은평구 응암1동)

도착지 21:12 (성북구 길음1동) 2만 2천 원

출발지 22:21 (성북구 안암동)

도착지 22:31 (성동구 상왕십리동) 1만 5천 원

출발지 22:33 (성동구 상왕십리동)

도착지 22:38 (성동구 행당2동) 1만 5천 원

출발지 23:06 (성동구 도선동)

도착지 23:55 (송파구 오륜동-미사신도시 경유) 3만 4천 원

출발지 00:15 (송파구 송파1동)

도착지 00:30 (강남구 개포2동) 1만 5천 원

출발지 00:57 (강남구 대치2동)

도착지 01:54 (일산서구 탄현동) 3만 7천 원

총 운행 요금 : 15만 5500원

저녁부터 새벽까지 쉬지 않고 일하면 운이 좋은 날에는 위의 일지처럼 15만 원 내외를 벌었다. 강북과 강남, 그리고 일산을 오간 그날이 아직도 기억에 남는다. 특히 마지막 '강남-일산' 마지막 콜이 그렇다.

기사 '님'과 기사 '놈'

새벽 1시에 강남 아파트 단지에 떨어졌다. 도보 내비게이션을 켜고 강남역으로 방향을 잡고는 계속 걸었다. 그러면서 어디라도 좋으니 콜이 나오기를 기도했다. 도로변에 주차된 어느 외제차를 보면서는 저 차가 콜을 불러주면 얼마나 좋을까, 하고 지나치기도 했다. 몇 분 후에 일산 탄현으로 가는 콜이 들어왔다. 만세를 부르며 수락 요청을 하고 열심히 달려갔다. 도착하고 보니 우습게도 콜을 불러주면 좋겠다고 생각하며 지나쳐 갔던 바로 그 차였다.

20대 후반으로 보이는 차의 주인은 가는 동안 나에게 이것저것을 물었다. 그러다가 뭐 하시던 분이냐고 물어서 나는 대학에서 잠시 강의를 했다고 답했다. 그러자 그는 "이런 식자층께서 대리운전을 하셔야 하다니 테뉴어 받기가 힘든 세상이죠"라고 했다. "교수님이 운전하시는 차를 타다니 영광입니다"라고도 덧붙였다. 그러고는 곧 잠이 들었다. 그런데 내가 그를 선명하게 기억하는 것은 식자층이니 테뉴어니 하는 단어 때문이 아니다.

아파트 주차장에 도착해 잠에서 깬 그는 인사를 하고 가려는 나를 붙잡았다. 그러면서 "지갑이 없어졌는데 잠깐만요"라고 했다. 나를 세워두고는 차의 구석구석을 한참 살폈다. 그러는 동안 나는 '지갑 도난 사건'의 가장 유력한 용의자가 되었다. 혹시라도 지갑이 없으면 어쩌나, 하고 마음을 졸이면서도 한편으로는 몹시 모욕스러웠다. 그는 결국 조수석 밑에서 자기 지갑을 찾았다. 그러고는 별 사과나 멋쩍음도 없이 출구를 향해 걸어갔다. 그제서야 나는 그와 작별할 수 있었다.

지하 주차장에서 올라와 크게 심호흡을 하고 감정을 가라앉혔다. 어차피 대리운전은 육체노동이면서 동시에 감정노동이다. 되도록 빨리 마음에서 지우는 편이 낫다. 카카오드라이버를 켜고 어디로 가면 좋을지를 살폈다. 그런데 주변에 표시되는 대리운전 기사가 무척 많았다. 의외로 번화가인가 싶어서 기사가 가장 많은 곳으로 걸어가니 다시 유흥가가 펼쳐졌다. 서울이나 파주로 가는 콜이 나오면 얼마나 좋을까, 아니면 일산 시내에서라도 한두 콜을 더 타면 좋겠다, 하고 거기에서 대기하기 시작했다.

하지만 1시간을 넘게 기다려도 콜이 없었다. 주변의 다른 기사들도 딱히 콜을 받는 것 같지가 않았다. 근처 맥도날드에서 햄버거를 하나 먹으면서 새벽 3시까지 기다렸다. 물류 상하차를 끝내고 크루룸에서 먹던 햄버거는 맛있었는데, 새벽에 먹는 햄버거는 무슨 맛인지 도무지 알 수가 없었다. 자극적인 소스들도 새벽 내내 몸에 쌓인 피곤을 밀어내지는 못했다. 그래도 꾸역꾸역 밀어 넣었다.

새달사에는 그 시간에도 여러 개의 글이 활발하게 올라왔다. 투잡

기사들은 거의 퇴근하고 전업 기사들이 남은 시간이다. 나는 거기에 '일산 탄현에서 사망했습니다'라는 제목의 글을 썼다. 그 시간에도 댓글들이 몇 개 달렸다. 고생했다, 이제 쉬어라, 하는 것들이었는데 그중 "택틀 타고 합정까지 나오세요"라는 것이 눈에 들어왔다. "초보 기사라서 잘 몰라요. 택틀이 뭔가요?" 하는 내용의 답글을 달자 다시 댓글이 달렸다.

택틀은 택시를 말하는 건데 서울 택시는 주황색이니까 길에서 주황색 택시를 찾아서 "합정 3천 원!"이라고 하면 된다는 것이었다. 그러니까 서울 지역의 택시는 일산에서 영업을 할 수 없으니 서울로 가는 대리기사를 태우고 나가면 서로에게 좋은 일이라는 내용이었다. 아무리 그래도 1만 원이 넘게 나올 거리를 3천 원에 간다는 것이 잘 믿기지 않았다.

나는 주황색 택시를 찾아 나섰다. 맥도날드에서 나와 택시 승강장으로 다가가자, 과연 약간의 거리를 두고 덩그러니 서 있는 주황색 서울 택시가 한 대 보였다. 나는 쭈뼛쭈뼛 거기로 다가갔다. 그리고 창문을 톡톡 두드렸다. 택시 기사는 창문을 열고는 나에게 "대리기사?" 하고 물었다. "네네, 저 합정까지⋯⋯" 하고 답하자 내가 더 말을 잇기도 전에 "3천 원에 합정 가자고? 못 가지!"라고 했다. 그래서 "아뇨, 저기, 5천 원에⋯⋯"라고 하자, "5천 원에도 못 가지, 이 사람아" 하고는 창문을 올렸다.

새달사에 접속해서 "주황색 택시를 찾았는데 5천 원에도 안 간다는

데요" 하고 답글을 달았다. 그러자 댓글을 달았던 기사가 곧 다시 답글을 남겼는데, 나는 그걸 보고는 새벽에 일산 한복판에서 혼자 쿡쿡 웃었다.

"택시 기사님들 열 분 중에 일곱 분은 태워주십니다. 그분들은 기사님들이시고…… 놈에게 걸렸다 생각하십시오."

택시 기사가 원망스럽지는 않았다. 일산에서 합정까지는 3천 원이든 5천 원이든 말도 안 되게 싼 가격이고, 그가 거기에 응할 이유는 없다. 그것은 온전히 택시 기사들의 호의일 테니 혹시 가게 되면 감사하게 여기면 그만일 것이다. 그에게 "감사합니다" 하는 댓글을 달고는 지도 내비게이션을 켜서 '찜질방'을 찾았다. 근처에 두 군데의 찜질방이 있어서 가까운 곳으로 갔다.

더 일하지 못하고 찜질방으로 온 것이 못내 아쉽기는 했다. 하지만 "저 합정까지……"라고 말하던 내 자신이 생각나서, 온탕에 몸을 담그고는 감정이 무척 들떴다. 조금만 더 여기저기 부딪히다 보면 차가 끊긴 시간에도 어떻게든 일할 수 있지 않을까, 싶었다. 오늘은 여기에서 '사망'했지만, 내일은 조금 더 오래 살아남을 수 있을 것이다. 어쩌면 첫차가 다니는 시간까지 살아남아서 퇴근할 수 있을지도 모른다.

조금씩 대리운전 기사가 되어간다. 다음에는 '셔틀'이라는 것도 어떻게든 타보고 싶다. 나는 수면실에서 피곤한 몸을 누이고 웃으면서 편안히 잠들었다.

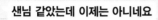 **샘님 같았는데 이제는 아니네요** 2016. 9. 29.

어제는 합정동—가좌동, 이렇게 콜이 뜨기에 룰루랄라 나서는데 갑자기 비가 쏟아졌다. 우산도 없고 난감했지만 일단 가방에 든 서류 봉투 하나로 머리를 가리고 뛰었다. 손님이 있는 데까지 500미터가 남았다.

그런데 교차로 전단지 배포대에 꽂혀 있는 장우산이 보였다. 이전 같으면 하하 누가 우산을 버렸네, 하고 비를 맞으며 지나쳐 갔을 텐데 자연스럽게 거기로 갔다. 그리고 우산을 꺼내서 펼쳤다. 손잡이 부분이 거의 떨어져 나갈 듯 너덜너덜해서 누가 버린 것이라고 확신했다. 주변을 둘러보니 우산에 관심을 갖는 사람은 없었다. 다만 여고생 셋이 지나가면서 나를 곁눈질했다.

나는 우산을 펼치고 빗속을 걸었다. 그러면서 내가 전에 없이 뻔뻔해졌음을 알았다. 아마 손잡이가 고장 나 있지 않았더라도 "이 우산 주인 없으면 제가 씁니다" 하고 빗속으로 나아갔을 것이다.

얼마 전 오랜만에 만난 편집자가 "작년에 뵈었을 땐 샘님 같았는데 뭐랄까 좀 많이 변하셨네요"라고 했다. 그때는 웃었는데 대학에서 나오고 1년 동안 확실히 많은 변화가 있었다. 어쩌면 '거리의 아재'가 되는 게 '대학의 꼰대'로 남는 것보다는 훨씬 나을지도 모르겠다.

3부

주체가 될 수 없는 **대리노동들**

18
우리 시대의 노동은 '대리노동'이다

2013년에 이미 대리운전의 문을 두드렸다

2013년에 지역 대리운전 업체에 전화를 건 일이 있다. 그때는 겨울 방학 중이었고 그래서 나는 실직 상태였다. 대학의 시간강사는 학기 중에만 고용되는 4개월짜리 계약직이다. 그에 따라 방학 중에는 아무런 수입이 없다. 나는 대학에서 강의하는 4년 동안 여덟 번의 실직과 복직을 반복해야 했다. 계속 연구하기 위해서, 아니면 숨을 쉬면서 살아가기 위해서, 나에게는 돈이 필요했다. 그렇게 3년 전에 이미 자연스럽게 대리운전의 문을 두드렸다.

○○대리입니다, 하는 젊은 직원의 목소리에 나는 대리운전 일을

하려는데요, 하고 말했다. 그러자 그는 대뜸 "원주 지리는 잘 알고 계시죠?" 하고 물었다. 학교와 집 말고는 잘 모른다고 답할 수는 없어서 "어느 정도를 말씀하시는 건가요?" 하고 되물었다. 그러자 그는 어느 아파트라는 말을 듣고 바로 운전할 수 있는 정도면 된다고 답했다. 그건 조금 힘들겠고 내비게이션을 켜고 운전하면 안 될지 다시 물었다. 그는 그러면 좀 힘든데, 하고 말을 흐리다가 일단 사무실에 나와보라고 했다.

나는 사무실에 갈 때 준비할 것이 있는지 물었다. 직원은 면허증과 함께 얼마간의 현금을 가지고 와야 한다고 했다. 그의 설명에 따르면, 우선 유니폼을(파카를) 구입해야 하고 그 가격만 10만 원이 넘는다는 것이었다. 보험에도 의무적으로 가입해야 하고 그 외에 필요한 추가 비용은 사무실에 나와서 이야기하자고 했다. 그때 내 통장에는 그만한 현금이 없었다. 알겠노라고 대답하고 전화를 끊었다.

그런데 대리기사들의 인터넷 카페에서 이것저것 좀더 알아보니, 유니폼 구입 비용과 매일 내야 하는 보험비를 제외하고도 프로그램 사용비를 월 1만 5천 원씩 내야 했다. 보통 3~6개의 프로그램(애플리케이션)을 설치한다고 하니까, 그것만 해도 월 5만 원이 넘는 것이다. 출근하는 날은 출근비도 따로 지불해야 한다. 그에 더해 핸드폰 개통까지 강제하는 지역 업체들도 많다고 했다. 그러면 운행 수수료 20~30퍼센트를 제외하고도 이런저런 명목으로 나가는 비용만 해도 정말이지 적지 않은 것이다.

나는 대리업체와 대리기사 간에 얽히고설킨 이 여러 명목의 비용들이 잘 이해가 가지 않았다. 물론 운전을 하는 일이니 보험은 필요할 테고 프로그램을 만든 회사에도 사용료를 내야 할 테지만 너무 과하다 싶었다. 그래서 나는 대리업체의 사무실에 가지 않았다. 그만큼 절박하지 않았기 때문인지, 아니면 그만큼 부당하다고 생각되었기 때문인지는 아직 잘 모르겠다.

이것은 내가 아는 노동이 아니다

대리운전을 대신할 다른 일자리를 찾아야 했다. 마침 집 근처의 홈플러스 익스프레스와 ○○상조에서 일할 사람을 구하고 있었다. 그래서 나는 두 업체를 직접 찾아갔다. 그런데 내가 얼마나 노동에 대한 현실 감각이 떨어져 있는가를, 그때 알았다. 이것은 내가 아는 '노동'이 아니었다.

우선 홈플러스 매장에 직접 방문해서 매니저를 만났다. 그는 나를 아래위로 훑어보고는 '까대기'를 해보았느냐고 물었다. 택배 상하차 일을 몇 차례 해보았다고 답했는데 그는 나를 못 미덥게 쳐다보았다. 그러고는 인터넷을 통해 정식으로 서류를 접수하라고 말했다. 나는 그에게 "매니저님과 직접 이야기를 나누었는데 다른 절차가 필요한가요?" 하고 물었다. 그러자 그는 자신들에게는 사람을 뽑을 권한이 없고 아웃소싱 업체를 통해야 한다고 했다. 그러니까 그 매장의 점장도,

매니저도, 그 누구도 직접 면대면으로 사람을 뽑을 수 없는 구조인 것이다. 나는 그 방식이 잘 이해되지 않았다. 물론 '관리'라는 측면에서는 수월하고 오히려 비용이 절감될 수도 있겠으나, 이런 중소도시의 작은 마트에까지 그런 채용 방식을 둔다는 것이 무언가 서글펐다. 취직을 하더라도 아마 나의 소속과 직책은 홈플러스의 계약직 점원이 아닌 아웃소싱 업체의 파견 직원이 될 것이다.

○○상조의 담당자와는 번화가의 카페에서 만나 직접 면접을 보았다. 나 말고도 20대 후반의 구직자 3명이 더 있었다. 담당자는 우리에게 해야 할 일을 알려주었다. 그에 따르면 6명이 한 팀으로 구성되는데 장례식장에서는 예복을 입고 서 있기만 하면 되고 고인의 관을 옮길 때마다 참여하는 것이 일의 전부였다. 하지만 어디까지 가게 될지는 아무도 모르고 그러면 새벽부터 움직이거나 찜질방에서 자는 일도 많다고 했다. 그러면서 그는 사진을 몇 장 꺼내 보여주었다. 검은색 예복을 갖춰 입은 6명의 젊은 남자들이 고인에게 경례를 하거나, 관을 나눠 메거나, 하고 있었다.

보수가 괜찮은 일이었기에 다들 일에 호감을 보였다. 고민하는 동안, 담당자는 홍보물을 몇 장 내밀었다. 그러면서 상조 영업에 성공하면 어떠한 보상이 주어지는지에 대해 이야기했다. 그 보상금이 가입 비용의 무척 큰 비중을 차지하고 있어서 놀라웠다. 약간의 시간이 지나고, 대부분의 구직자들이 일을 하겠다고 고개를 끄덕였다. 나도 동의하려는데, 담당자가 제시한 사진이 조금 마음에 걸렸다. 아마 대리운전 회사와 전화하지 않았다면 딱히 눈여겨보지 않았을 부분이었다. 그래서 담당자에게 "여기 도우미들이 입고 있는 예복은 대여가 되는 건가요?" 하고 물었다. 그러자 그는 16만 원을 내고 구입해야 한다고 답했다. 그러면서 돈이 없으면 업체에서 우선 유니폼을 지급하고 당신이 받을 일당에서 몇 차례 제하면 되지 않겠느냐며 못마땅한 표정으로 나를 빤히 쳐다보았다. 하지만 나는 노동자가 자신의 유니폼을 위해 돈을 지출해야 한다고 생각하지 않았다. 사용자는 노동자에게 노동에 필요한 모든 물품과 환경을 제공하고, 노동자는 사용자에게 노동력을 제공하는 것, 그것이 내가 배운 '노동'의 관계다. 그 업장이 아니면 어디에서든 입을 수도 없는 유니폼을 구입하기 위해 돈을 지출하고 싶지 않았다.

나는 그 자리에서 일어났다. 일어난 것은 나 혼자였고, 그렇게 밖으로 나왔다. 대리운전 업체도, 홈플러스도, ○○상조도, 나는 그 어느 곳의 입장도 이해할 수 없었다. 아니 그보다는, 이해하고 싶지 '않았'다.

타인의 운전석보다 나은 노동의 현장이 얼마나 될까

노동의 관계도는 가장 간단하게 구성되어야 한다. 사용자와 노동자가 계약의 주체로서 서로 연결되어 있으면 그만이다. 그런데 언제부터인가 사용자는 그 중간에 '대리인'을 끼워 넣기 시작했다. 그러면서 자신이 주체로서 감당해야 할 여러 책임에서 벗어난다. 노동 현장에서 어떤 문제가 발생해도 사용자는 자신이 고용한 이들이 아니기에 법적 책임이 없다고 말한다. 실제로 현장에서 노동자가 죽거나 다쳐도 이들이 지급하는 것은 '위로금'에 불과하다. 노동자에게 온전히 돌아가야 할 노동의 대가 역시 아웃소싱 업체를 거치고 그 일부만 남는다.

기업은 다양한 방법을 통해 노동자의 주체성을 농락한다. 자신을 대신해 내세울 그 무엇도 가지고 있지 않은 그들에게 언제나 가혹하다. 그런데 그것은 명백한 위법이나 합법도 아닌, 법의 경계를 넘나드는 방식으로 주로 이루어진다. 말하자면 법의 틈새를 이용한 '편법'이다. 인턴이라는 정체불명의 직함을 부여하고서는 무임금으로 사람을 부리고, 언제든지 해고하고, 기본적인 사회적 안전망조차 보장하지 않아도, 기업에게는 잘못이 없다. 그에 더해 국가/정부는 기업을 위한 법안을 계속해서 만들어나간다. 결국 노동자는 노동 현장의 주체가 아닌 대리로서 존재하게 되는 것이다.

그럼에도 불구하고 '회사의/매장의/학교의 주인처럼 일하라'는 수사가 누구에게나 익숙하다. 이것은 정말이지 파렴치한 역설이다. 노동자의 주체성을 강탈하는 동시에 그 빈자리에 '주체'라는 환상을 덧입히는 것이다. 그것이 일상화된 사회에서는 자신을 주체로 믿는 대리가 된 노동자만이 존재한다. 어쩌면 '열정 착취'보다도 한 단계 진화한 방식이다. 노력뿐 아니라 행복과 만족까지도 강요하는 것이기 때문이다. 나는 이것을 '영혼 착취'라고 규정하고 싶다.

우리 시대의 노동은 '대리노동'이다. 노동자는 여전히 노동의 주체이면서, 또한 주체가 아니다. 대리운전뿐만 아니라 대학에서도, 동네 마트에서도, 장례식장에서도, 그 어느 노동의 공간에서도, 우리는 노동자가 아닌 '대리인간'으로서만 존재한다. 지금 이 사회에서 타인의 운전석보다 나은 공간이 얼마나 되는지, 나는 잘 모르겠다.

종로 보신각 앞에서 '개돼지들의 카니발'이라는 행사가 열렸다. 나향욱 씨의 "국민은 개돼지와 같다"라는 막말에 분개한 독립예술가들이 거리 공연을 열었다고 한다. 내가 조합원으로 있는 인문학협동조합에서도 참가했고 근처 빈대떡집에 자리를 잡고 왔다 갔다 했다. 나는 좀 늦어서 끝물에 도착했다.

그런데 보신각 주변에 앉아 행사를 지켜보는 많은 사람들 중엔 어떤 특별한 이들이 있었다. 너무 가깝지도 멀지도 않은 적당한 거리에 앉아서 즐거워하는 그들은 모두 핸드폰을 한 손에 꼭 쥐고 있었다. 사실 그들이 입은 옷만 보고도 나는 그들이 '대리기사'임을 알았다. 오래 입어온 자신에게 꼭 맞는 활동하기 편한 옷, 보조 배터리와 물 한 병 정도가 들어 있을 만한 크기의 가방, 무엇보다도 손에서 쥐고 놓지 않는 핸드폰, 이것은 어디에서든 그들을 구분하게 해준다.

대리기사들은 그 축제에서 가장 적당한 거리에 있었다. 그 축제의 주체이면서, 동시에 콜이 들어오면 언제든 타인에게 귀속된 대리로 변할 수 있도록 준비하고 있었다. 자리에 돌아와 축제에 대리기사들이 아주 많던걸요, 하자 모두가 으잉, 하는 반응이었다. 몇몇은 나에게 사복경찰이 아니냐고도 했다. 그래서 핸드폰의 대리기사 앱을 실행해 보신각 앞에 얼마나 많은 대리기사들이 있는지 보여주었다. 거기에는 수백 명의 기사들이 빨간 점으로 저마다 자신의 존재를 알리고 있었다.

그들은 대기하는 동안 핸드폰만 간절히 바라보기도 하지만, 어떤 흥겨운 일이 있으면 그렇게 주체가 되어 참여한다. 서울 시내 번화가에는 그렇게 수십 개의 '코뮌'이 새롭게 생겨난다. 어쩌면 그들은 그 거리에서 가장 주체적인 인간인지도 모른다. 우리가 상상해야 할 '우리'는 아직 너무나 많다.

19
대리전쟁에 동원되는 **노동의 주체들**

갑과 갑의 전쟁

대리운전 시장을 장악한 기존의 업체들은 카카오의 진출을 반대했다. 골목 상권을 침해한다는 것이 표면적인 이유였다. 사실 거대 자본과 대리운전이라는 노동은 애초에 잘 어울리지 않는다. 그런데 정작 당사자인 기사들의 반발은 크지 않았다. 오히려 반기는 분위기였다. '18. 우리 시대의 노동은 대리노동이다'에서 썼듯, 나는 2013년에 이미 지역 대리운전 업체에 구직 전화를 했고, 기사들을 둘러싼 노동환경이 무척 가혹하다는 것을 알았다. 수수료와 이런저런 비용을 더하면 기사들은 번 돈의 30퍼센트 이상을 회사에 돌려주어야 한다. 그래서 많은 기사들이 카카오가 업계의 관행을 바로잡아 줄 것으로 기대했다.

카카오는 자신들이 구축한 플랫폼을 무료로 제공하면서 20퍼센트의 수수료 외에는 아무것도 요구하지 않는다. 이것은 대단히 파격적인 조건이었다. 그래서 나와 같은 신규 기사들이 늘었고 기존 업체의 기사들도 많이 가입했다. 10~15퍼센트 정도의 수수료를 기대했던 기사들이 실망하기도 했지만, 그래도 매력적이었다. 대리운전 기사들의 온라인 커뮤니티에는 카카오와 기존 업체에 중복 가입한 기사들의 글이 자주 올라왔다. 대부분은 자신들의 삶이 이것으로 조금 더 나아지지 않을까 하는 기대를 가졌다. 초보 기사인 내가 보아도 어떤 희망과 활기가 넘쳤다.

그런데 대리운전 시장을 장악하려는 카카오와 그것을 저지하려는 기존 업체들 간의 전쟁이 시작되었다. 빼앗으려는 새로운 갑과, 빼앗기지 않으려는 기존 갑의 충돌은 이미 예고되어 있었다. 그리고 그 전쟁은 갑과 갑이 아닌 갑과 을, 아니면 을과 을이 맞붙는 형식으로 진행되었다.

갑과 을의 전쟁

카카오는 한 달 내내 이벤트를 진행했다. 손님에게는 1만 원을 할인해 주었고, 기사에게는 운행할 때마다 지원금 명목으로 2천 원에서

갑과 마주하려는 을의 앞을 막아서는 것은 또 다른 을'들'이다. 그들은 한 걸음 물러서거나 밀려난 을에게 "너는 이제 더 이상 '우리'가 아니다"라고 말한다. 갑의 욕망을 대리하는 대리인간이면서도, 자신을 그 공간의 주체로 굳게 믿는다. 자신들이 괴물이 되었음을 누구도 알지 못한다. 그러나 분노는 주변의 을이 아닌 저 너머의 갑을 향해야 하고, 공고하게 구축된 시스템에 닿아야 한다. 모두가 돌아서서 갑과 마주하고, 대리사회의 괴물과 싸워나가야 한다.

5천 원의 현금을 추가로 지급했다. 카카오의 콜을 1회 수행하는 것이 기존 업체의 콜을 3회 수행하는 것보다 나았다. 말하자면 자본을 바탕으로 한 물량 공세였다. 기존의 업체들도 여기에 대항해 소속 기사들에게 운행 지원금을 지급했으나 그렇게 오랜 시간 동안 '당근'을 유지하지는 않았다. 대신 카카오에 가입한 기사들을 찾아 나서기 시작했다.

해당 기사들의 수난은 인터넷 커뮤니티를 통해 고스란히 드러났다. 각 업체에서 받은 협박에 가까운 공지들이 공개되기도 했다. 예를 들면 다음과 같은 것이다.

"연합 외에 타사 콜을 수행하는 기사님들은 자사 오더만 볼 수 있게 제한됩니다. (중략) 타사 콜과 병행을 하신다면 다시는 연합에 들어오실 수 없음을 알려드립니다. (중략) 참고로 폰을 두세 개 쓰셔도 적발됩니다."

기존의 업체들은 연합했고, 카카오에 중복 가입한 기사들은 '영구 제명'될 것이라고 공지했다. 폰을 두세 개씩 써도 적발될 것이라는 내용은 거의 협박에 가깝다. 일부 기존 업체들은 여러 방법으로 카카오에 가입한 기사들을 가려내기 시작했다. 인터넷 커뮤니티에는 흉흉한 소문이 돌았다. 기존 업체의 애플리케이션으로 기사들의 핸드폰 화면을 감시할 수 있다거나, 운전보험 가입 명단을 확보하는 방식으로 중복 가입을 가려낸다거나, 하는 것이었다. 누구나 웃을 만한 터무니없는 이야기이기는 했으나, 누구도 웃어넘길 수 없었다. 확인되지 않은 말들이 떠돌며 불안감을 더욱 증폭시켰다.

어느 대리기사는 카카오 콜을 받고 손님에게 달려갔더니 기존 업체의 관계자가 그 자리에 있었다고 한다. 배정된 기사의 얼굴과 이름이 공개되는 시스템을 악용한 것이다. 그는 그 자리에서 카카오에서 탈퇴할 것을 종용받았고 그에 따랐다. 그때 그가 느꼈을 모욕감을 나는 감히 짐작할 수가 없다. 나도 몇 번 비슷한 일을 겪었다. 콜이 들어와서 잡았는데 나의 정보만 확인하고 바로 취소하는 이들이 있었다. 그건 그나마 나은 편이고, 거의 2킬로미터 가까이를 뛰어갔는데 바로 50미터 앞에서 호출 취소를 당해 보기도 했다. 한번은 그렇게 발길을 돌리는데 '××대리운전'이라는 간판이 선명하게 보였고, 누군가가 고개를 내밀어 나의 얼굴을 확인하고는 문을 닫았다. 당장 들어가 대리운전 콜을 부른 사람이 있느냐고 묻고 싶었지만 그럴 명분도 용기도 없어서 그만두었다.

기존 업체는 다양한 방식으로 기사들을 압박해 나갔다. 다음 단계로 기사들의 '등급'을 나누기 시작했다. 총 네 개의 등급을 두고, 중복 가입이 의심되는 경우에는 그것을 순차적으로 낮췄다. 등급이 하락한 기사들의 당황스러운 목소리가 들려왔다. 콜카드를 펼쳐봤는데 가장 가까운 콜이 10킬로미터 밖에 있다든지, 아무리 기다려도 콜이 들어오지 않는다든지, 하는 것이었다.

이처럼 노동의 주체인 대리기사들은 전쟁의 희생양이 되었다. 자신들을 둘러싼 시스템이 바뀌기를 기대했으나 오히려 그것이 더욱 고착화되었고, 강요와 협박에 시달렸다. 그리고 생계를 위해 어느 한 편을 선택해야만 하는 처지가 되었다.

을과 을의 전쟁

많은 기사들이 기존 업체에 남는 편을 택했다. 특히 수도권을 제외한 지역에서는 더욱 그랬다. 6월보다도 오히려 7월에 원주의 카카오 대리기사 숫자가 눈에 띄게 줄었다. 프로그램에서 근처 대리기사의 숫자와 위치를 파악할 수 있는데, 번화가에서도 기사를 찾아보기가 어려워진 것이다. 그렇게 많은 지방의 전업 대리기사들이 생존을 위해 카카오를 탈퇴했다.

지역 대리업체의 옷을 입고 있는 기사들을 만나면 묘한 기분이 들었다. 일을 하며 친해진 카카오 기사 두엇과는 "이거 카카오 쓰다가 어디서 맞는 거 아닙니까?" 하는 이야기를 나누기도 했다. 뭐랄까, '동류'이지만 '동료'가 될 수 없는 사이였다. 카카오와 비카카오 기사들 간에는 그러한 위화감이 흘렀다. 자본을 가진 갑과 갑의 전쟁에서 피해자가 된 것은 결국 노동의 주체인 '을'이었다. 너와 나를 구분하고 어느 편에 서야만 했으며, 그렇게 자연스레 '갑의 대리인'으로서 참전했다.

나는 '지방시'라는 글을 세상에 내놓으며 계속 대학에서 강의하고 연구하겠다고 마음먹었다. 사실 그러기 위해서 쓴 글이었다. 교직원이나 보직 교수가 그것으로 트집을 잡으면 그와는 싸워나가고자 마음 먹었다. 하지만 가장 먼저 나를 찾아온 것은 동료들이었다. 같은 연구실의 연구자들이, 같은 교양과목을 강의하던 시간강사들이, 왜 자신들을/대학을 모욕했는지를 나에게 물었다. 내 앞을 막아선 것은 갑이 아닌 을이었다. 대학의 구조에 문제를 제기한 순간부터 나는 더 이상 '우리'가 아니었다.

동료였던 이들과 마지막 술자리에서, 나는 당신들이 나를 응원하고 있을 것이라 믿었다고 말했다. 하지만 그들은 단 한 번도 그런 적이 없다고 했다. 나를 향한 성토가 이어지는 동안 나는 이것이 마지막 자리가 될 것임을 알았다. 그래서 누군가에게는 당신의 논문에 대해 내가 가볍게 말한 일이 있다며 사과했고, 누군가와는 가볍게 포옹을 하기도 했다. 그러는 동안 눈물이 흘렀다. 나는 며칠 후 연구실 자리를 정리하고 대학에서 나왔다.

대학이라는 '갑'은 전쟁의 주체로 나서지 않았다. 대신 자신을 주체로 믿는 대리인들이 자연스럽게 그 전쟁을 수행하게 했다. 그런데 나의 앞을 막아선 그들을 미워할 수가 없다. 나 역시 갑을 위한 '대리전쟁'에 수차례 동원되어 왔기 때문이다. 대학을 그만둔 선후배들은 이전에도 있었다. 하지만 나는 그들이 아니라 대학의 입장에 섰다. 아무 문제가 없는 공간에서 왜 버티지 못하고 도망쳤는지 알 수 없다면서 나간 자들의 나약함을 탓했다. 그들의 앞을 직접적으로 막아선 것은 아니지만 아무런 힘이 되어주지 못했음은 분명하다. 그리고 그들이

한 발 나서면 언제든 그 앞을 막아설 준비도, 아마 하고 있었다.

우리 사회 어디에서나 마찬가지다. 을의 앞을 막아서는 것은 또 다른 을이다. 반드시 폭언이나 폭력을 수반하지 않더라도 우리는 전쟁의 수행자가 된다. 내 주변의 목소리를 외면하거나 그와 나 사이에 선을 긋는 것 역시, 갑의 욕망을 대리하는 행위인 것이다.

분노는 주변의 을이 아닌 저 너머의 갑을 향해야 하고, 공고하게 구축된 시스템에 닿아야 한다. 물론 그 과정에서 을은 계속해서 동원되고 희생될 것이다. 갑과 갑의 싸움이 시작된 대리운전 업계 역시 마찬가지다. 하지만 20퍼센트가 넘는 수수료에 더해 보험비, 프로그램 사용비, 출근비, 입금 수수료 등의 추가금을 부담해야 하고, 유니폼을 따로 구매하거나 핸드폰까지 개통해야 하는 왜곡된 시스템에 근본적인 문제가 있음을 모두가 알고 있다. 이를 바꾸기 위한 싸움을 계속해야 한다.

대리기사들의 네트워크는 의외로 단단하다. 모두가 하루쯤 출근 버튼을 누르지 않으면 대한민국의 밤은 절반쯤 멈춘다. 그렇게 전국적인 파업을 하는 것도 정말로 멋진 일이 될 것이다. 그렇게 갑의 욕망을 위한 '대리인'으로서가 아니라 우리 모두는 스스로를 위한 주체로 함께 싸워나가야 한다.

부사 하나도 두렵다

사고가 났다. 기계식 주차장에서 차를 빼다가 반대편 사이드미러를 긁었다. 워낙 좁은 승강기에 SUV 차량을 넣기가 쉽지 않았고 그러던 중에 손님이 여기 많이 남았어요, 해서 액셀을 밟았는데 그렇게 됐다. 운행을 마치고 확인하기로 했다. 손님은 창문 바깥으로 내다보더니 좀 긁혔네요, 하고는 그다지 신경을 쓰지 않는 눈치였다. 하지만 나는 '좀'이라는 부사가 무척이나 신경 쓰였다. 저 사람의 '좀'은 얼마만큼의 '좀'일까, 그냥 웃으며 넘어갈 수 있는 정도일까 아니면 보험 처리를 해야 하는 정도일까, 하는 것을 알 수 없었다.

내가 가입한 대리운전 보험에서는 30만 원의 면책금을 내면 된다는 것 같지만 제대로 된 매뉴얼을 받은 일은 없다. 렌트비만 요구한다고 해도 5만 원은 비용이 들어갈 것이고, 그나마 외제차가 아니어서 다행이다 싶기도 하고, '좀'의 범위를 상상하면서 나는 가는 내내 불안했다.

도착해서 사이드미러를 보니 0.5센티미터 정도 페인트가 옅게 묻었다. 나는 손님에게 어떻게 할 것인가를 물었고, 그는 어두운 표정으로 뭐 이런 걸로, 하고는 괜찮으니 가시라고 말했다. 나는 그에게 죄송하다는 말을 여러 차례 하고는 주차장에서 나왔다. 마음이 진정되지 않아서 뭐에 홀린 것처럼 걸어 나왔다. 사실 그의 마음이 바뀔까 봐 불안했다. 물론 내 이름과 전화번호와 사진까지 손님에게 모두 제공되니 그가 마음먹으면 언제라도 연락은 올 것이다.

그러고 보면 을의 자리에서는 단어 하나에도 많은 의미를 부여하게 된다. '좀'이라는 부사 하나로도 나는 오만 가지 상상을 했다. 많이, 적당히, 조금, 이런 모호한 부사들은 듣는 사람을 난처하게 만든다. 우리는 갑의 자리에서 별 생각 없이 툭툭 말을 던지곤 한다. 하지만 상대방의 헛기침이나 하품에도 민감하게 반응해야 하는 이들에게는, 그 자체로 폭력이 된다. '말조심'은 을이 아니라 오히려 갑이 더 해야 하는 것이었다. 글을 쓸 때 쉼표 하나에도 의미를 부여하는 것처럼, 말을 할 때도 그렇게 조심을 해야겠다. 의미 없는 단어로, 몸짓으로, 타인을 불편하게 하지 말아야겠다.

20
밀려난 사람들, 서울로 향하지 않는 밤

합정, 서울을 빠져나가는 길목

서울 합정 인근 망원동으로 작업실을 옮겼다. 파주에 자리를 잡은 지 불과 한 달도 되지 않아서다. 출판도시라는 명성이 내가 글을 쓰는 데 어떤 도움을 주는 것은 아니었고 대리운전을 하는 데도 적합하지 않았다. 밤마다 서울에서 일하고, 다음 날 아침에 파주로 돌아가는 일상이 반복되었다. 글은 글대로 써지지 않았고 몸도 지쳐갔다. 그러던 차에 파주로 이주를 권했던 평론가 K께서 자신과 몇몇 지인이 사용하는 망원동 작업실에 책상을 하나 내주었다. 나에게 월세라든가 다른 형태의 보상을 요구하는 것도 아니고, 다만 원할 때 와서 글을 쓰라고 했다. 파주의 집값이 생각보다 비싸서 이주를 망설이고 있던 참이기도 해서 그의 호의를 감사히 받아들였다. 아내와 약속한 몇 달 동안이기는 하지만, 나는 그렇게 다시 고향에 돌아왔다.

오랜만에 돌아온 고향은 많이 바뀌어 있었다. 어린 시절에는 '마을'이나 '동네'라는 단어가 어울렸지만, 지하철역을 중심으로 주상복합 아파트가 경쟁하듯 들어선 지금은 무어라 규정해야 할지 알 수가 없다. 외할아버지의 손을 잡고 순대와 떡볶이를 먹으러 드나들었던 망원시장 인근은 '망리단길'이라는 새로운 이름을 얻었고, '젠트리피케이션'의 대명사가 되었다. 망원동에서 조금만 올라가면 나타나는 상암동은 월드컵이 열리기 이전까지는 서울의 쓰레기 매립지인 '난지도'로 더 유명했다. 여름이 되면 거기에서 날아온 파리가 온 동네를 새 떼처럼 날아다녔다.

내가 새로 자리를 잡은 망원동의 작업실은 대학의 '합동연구실'과 같은 형태의 원룸이었다. 웬만한 도서관의 서가를 통째로 옮겨놓은 것만큼이나 책이 많았다. 낮에는 거기에서 글을 쓰다가 콜이 나오면 그때부터는 대리운전을 시작했고, 새벽에는 다시 돌아와 글을 쓰다가 잠들었다. 마감해야 할 원고가 많은 날에는 밤새 작업실에 있기도 했고, 어느 날은 낮술을 한 손님의 호출로 점심부터 운전을 시작하기도 했다. 합정은 전국적으로 가장 콜이 많은 지역 중 하나여서 '대리사회'라는 글을 쓰기에는 참 안성맞춤이었다. 그래도 무일푼으로 공간을 점유하고 있기가 민망해 K에게 "저한테 왜 이리 잘해 주십니까?"

하고 물었더니 그는 "저는 당신이 잘되면 좋겠습니다. 그뿐이에요" 하고 답했다. 그는 내가 쓴 '지방시'라는 글에 많은 애정을 가지고 있었다. 그래서 나는 염치불구하고 계속 붙어 있기로 했다.

나는 합정의 밤을 몇 개월째 지켜보고 있다. 서울의 북서쪽 경계 지역에 위치한 합정은 서울을 빠져나가는 길목 중 하나다. 양화대교를 건너면 서부간선도로를 타고 광명이나 부천으로 갈 수 있고, 경인고속도로를 타고 인천으로 갈 수도 있다. 자유로를 타면 일산이나 파주로 간다. 그래서 합정에서는 광명, 부천, 인천, 일산, 파주로 가는 콜이 많다. 나는 곧 합정을 거점으로 한 여러 개의 주요 도로를 모두 외우게 되었다.

광명으로, 안산으로, 그리고 다시 어딘가로

서울에서 광명이나 역곡, 부천으로 가는 젊은 손님 중에는 유난히 신혼부부들이 많았다. 결혼한 지 몇 년 이내의, 그리고 아이가 없는 이들이 대부분이었다. 그러고 보니 내 친구나 선후배들도 결혼을 하면서 그 지역으로 많이 갔다. 여전히 서울에 직장이 있으면서도 그렇게 거주지를 옮겼다. 그것은 물론 전셋값을 감당할 수 없기 때문이다. 서울에서 숨을 쉬고 사는 데는 많은 비용이 든다. 그것은 이미 어느 정도의 대출로 해결할 수 있는 수준이 아니다.

젊은 손님들의 고민은 거의 비슷했다. 아이가 태어나면 좀 더 넓은 집으로 이사를 가야 하는데 그러면 지금보다 더 멀어져야 한다는 것이었다. 결혼 이후 육아의 단계에서, 그들은 다시 젊은 날을 보낸 도시와 멀어질 준비를 하고 있었다. 내 또래의 손님들과는 많은 대화를 하는 일이 드물지만, 몇몇은 취기를 빌려 그러한 고민을 털어놓았다. 하지만 그것은 푸념이지 별다른 방법이 없었다. 그는 부족한 전세금의 액수만큼 가족과 함께 다시 움직여야 한다. 아마도 더 일찍 일어나 출근 준비를 해야 할 테고, 정시에 퇴근한다고 해도 가족과 함께 저녁을 먹기는 더욱 힘들어질 것이다.

조금 더 먼 위성도시로 가는 손님은 40대나 50대 남성이 많다. 대개는 한 집안의 가장들이다. 그들은 한 세대 어린 나에게 다른 이들보다 조금 더 관심을 보인다. 아이가 있느냐고 묻기도 하고, 젊은 나이에 열심히 사신다며 격려하기도 하고, 자신이 살아온 인생을 압축해 들려주기도 한다.

광명에서 안산으로 가던 40대 손님은 원래 서울에 있다가, 결혼하면서 역곡으로 이사를 갔다고 했다. 거기에서 아내와 함께 젊은 날을 보냈고, 아이가 태어나면서 다시 광명으로 이사를 갔다. 집의 평수를 넓혀야 했는데 집값이 너무 올라 자신이 모아둔 돈으로는 감당할 수 없었다. 그러다가 둘째가 태어나고 아이들이 자라고, 마지막으로 선택한 곳이 안산이었다. 자신의 도시 이주 역사를 들려주면서, 그는 자꾸만 '밀려났다'는 표현을 썼다. 서울에서 역곡으로, 역곡에서 광명으로, 광명에서 다시 안산으로 '밀려났다'고 했다.

밀려나는 이들, 찾아오는 합정의 밤

고향으로 돌아왔지만, 망원동과 서교동에서 나고 자란 고향 친구들은 이제 없다. 결혼을 하면서, 아이가 생기면서, 아니면 또 여러 가지 이유로 뿔뿔이 흩어졌다. 서울의 북쪽 끝인 수유나 미아로 간 친구들은 그나마 형편이 나은 편이고 광명으로, 동탄으로, 원흥으로, 김포로, 저마다 뿔뿔이 흩어졌다. 초등학교 동창 한 명이 결혼을 하고도 여전히 망원동에 남았는데 그가 입버릇처럼 하는 말이 있다.

"여기에서 아내와 아이와 함께 계속 살고 싶어. 지금은 그게 유일한 목표야."

그는 자신이 나고 자란 망원동을 정말이지 사랑한다. 그에게 다른 도시로의 이주는 아마도 '밀려나는' 일이 될 것이다. 그래서 그는 밀려나지 않기 위해 분투하고 있다. 연락할 때마다 언제나 일하고 있거나 일하기 위한 준비를 하고 있다. 그와 밥 한 끼를 먹기란 어려운 일이다. 그도 나도 한 걸음 밀려나면 다시 밀고 들어오기가 어렵고, 대신 한 걸음 더 밀려나기는 쉽다는 것을 잘 알고 있다. 모두가 지금 자리에서 버텨내기 위해 안간힘을 쓴다.

대리운전만 해도 한번 서울 밖으로 콜을 받아 나가면 다시 들어오기가 쉽지 않다. 그 지역을 계속 돌거나, 아니면 서울에서 더욱 멀어지게 된다. 광명이나 부천, 안산뿐 아니라 남양주, 성남, 안양, 어디를 가든 마찬가지다. 대리기사들은 서울로 복귀하는 콜을 간절히 기다리지만 결국 대부분은 셔틀버스를 타고 '탈출'한다. 그 시간에는 서울로 들어가는 사람이 거의 없기 때문이다. 차라리 광역버스가 남아 있을 때 일찌감치 서울로 돌아와 다시 새로운 콜을 기다리는 편이 낫다. 이처럼 서울에서 나가는 이들은 많아도, 들어오는 이들은 없다. 많은 도시들이 밤이 되면 사람들을 먹어 삼키고는 내보내지 않는다.

오늘도 이른 퇴근 시간부터 양화대교는 서울을 빠져나가는 차들로 꽉 막힐 것이다. 나는 밀려난 이들과 함께 서부간선도로에 올라 광명으로, 부천으로, 시흥으로, 그리고 그 어디로 움직인다. 이것은 각 세대가 필연적으로 겪고 있는 젠트리피케이션, 생존을 위한 유목이다. 그 누구도 서울을 향하지 않는 밤이다. 그렇게 모두를 밀어내고 나면 비로소 서울의 밤이 찾아온다. 오늘 하루를 버텨낸 이들의 안도, 그리고 불안과 함께 밤이 조금씩 깊어간다.

장례식장의 사채업자들   2016. 10. 20.

연신내로 가는 젊은 손님은 지인의 죽음으로 장례식장에 다녀오는 길이라
고 했다. 실례지만 나이가 어떻게 되시나요, 하고 물었더니 그는 서른네
살이라고 했다. 그래서 나도 서른네 살이라고 했고 분위기가 훈훈해졌다.
어디서든 동갑을 만나면 괜히 즐겁다. 그는 두 살 된 딸을 생각하면 행복
하고 즐겁다고 했다. 나도 세 살이 된 아이가 있다고 하자 분위기는 더욱
훈훈해졌다.

그는 나에게 "사실 오늘 제 지인은 자살을 했어요" 하고는 말을 이었다. 빚
독촉에 시달리다 못해 어린아이를 두고 그렇게 갔는데, 장례식장에 사채
업자들이 와서 조의금 봉투를 받고 있더라고 했다. 나중에는 도박에 손을
댈 만큼 막다른 골목까지 갔다고 한다. 책임져야 할 가족을 두고 먼저 간
그의 친구의 절박함 때문에 나는 먹먹해졌다. 그가 얼마나 외로웠을지, 얼
마나 아팠을지, 그리고 마지막 순간에 어떠한 감정이었을지를 나는 감히
짐작할 수 없다. 그도 아이와 아내를 누구보다도 사랑했을 것이다. 언젠가
부터는 타인의 자살을 두고 '그래도 그러면 안 되지'라고는 도저히 말을
못 하겠다. 그것을 순간적인 잘못된 판단으로 폄하하고 싶지도 않다. 다
만, 그가 얼마나 힘들었을까를 생각하면 먹먹해진다.

연신내에 도착해서 "열심히 살아요, 우리" 하는 말을 누가 먼저랄 것 없이
하고는, 손님과 작별했다.

21
명절에도 역시 **숨은 노동자**

　추석을 앞두고 대리기사의 온라인 커뮤니티에 "선물 받아 가라네요" 하는 글들이 올라왔다. 소속된 업체에서 명절 선물을 나눠 준다는 내용이었다. 그에 따르면 각 업체들은 기사들이 많이 모이는 강남에 텐트를 치거나 아니면 각 지사에 찾아온 기사들에게 선착순으로 선물 세트를 나눠 주었다고 한다. 기사들이 올린 사진을 보면 햄이나 식용유, 샴푸와 같은 흔한 것들이었다. 명절 선물을 하는 업체가 많지는 않았지만 그 마음이 고마워서 나는 괜히 웃음 지었다.

근로조교 아르바이트에게 명절 선물을 받는 교직원

나는 그동안 명절 선물을 받아본 적이 없다. 그렇다고 해서 내가 일하지 않았던 것은 아니다. 2008년 봄부터 2015년 겨울까지 8년 동안, 나는 대학에서 언제나 노동자였다. 학과사무실이나 연구소에서는 행정 노동을 했고 강단에서는 강의 노동을 했다. 학생과 노동자의 경계를 계속 넘나들었다. 하지만 교직원도 교수도, 나를 노동자로 인식하지 않았다. 근로기준법에 명시된 최저 수준의 사회보장이 대개 간단히 무시되었지만 학생/연구자니까 당연한 것이 아니냐는 태도였다.

명절이면 교수와 교직원, 그러니까 정규직들에게는 학교 마크가 선명한 명절 선물이 나왔다. 그들은 그것을 들고 고향으로 갔다. 그들에게 상여금이나 교통비 명목의 명절 보너스가 따로 지급되었는지는 잘 모르겠다. 다만 대학원생 조교들은 마지막까지 학과사무실에 남아 있다가 문을 잠그고 퇴근했다. 나는/우리는 명절에도, 그리고 명절이 아닌 일상에서도, 언제나 대학의 숨은 노동자였다.

작년 명절에도 대학으로부터 아무것도 받지 못했다. 휴강하지 말라는 권고가 선물이라면 선물이었다. 그런데 추석을 일주일 정도 앞두고 면담을 신청한 학생이 있었다. 대학 부처에서 근로조교 아르바이트를 하고 있다는 그는 고민이 있다면서 나에게 카카오톡 대화창을 보여주었다. 거기에는 다음과 같은 내용이 적혀 있었다.

"1인당 3만 원씩 걷어서 교직원 선생님들 추석 선물을 사드립시다. 우리에게 아버지 같은 분들인데 이 정도는 당연히 해야겠죠?"

거기에 다른 근로조교 아르바이트들은 "네, 당연히 해야죠", "그럼요" 하며 화답했다. 나는 학생들이 어째서 교직원의 추석 선물을 고민하고 있는지 알 수 없었고, 무엇보다도 '아버지 같은 분'이라는 표현이 무척 거슬렸다. 내 주변에는 자신의 지도교수를 아버지로 표현하는 이들이 종종 있었다. 지도교수가 그들을 아들로 생각하는지는 잘 모르겠지만, 그러한 관계 설정은 많은 문제를 만들어냈다. 교수-학생, 교직원-근로조교 아르바이트는 가족이 아니다. 가족적 우애가 노동에 대입되는 것은 전근대적인 폭력이 되기 쉽다. 그 과정에서 많은 비상식이 상식으로, 비합리가 합리로 탈바꿈하게 된다. 나는 그런 것을 충분히 보아왔다.

나는 학생에게 선물을 하지 않으면 좋겠다고 했다. 받으면 받았지 먼저 주어야 할 입장은 아니라고 말했다. 사실 그들도 강의실에서야 학생이지만 노동의 현장에서는 노동자인 셈이다. 그는 자신도 그렇게 생각한다면서도 막 전역한 복학생 오빠가 하는 일인데 안 따를 수도 없고 어떻게 해야 할지 모르겠어요, 했다. 아마도 근로조교 아르바이트 중 가장 나이가 많은 남성일 그 '복학생'은 명절 선물을 주는 행위를 통해 교직원들에게 근로조교 아르바이트 집단의, 혹은 자신의 존재감을 드러내고 싶었는지도 모른다. 그 공간의 일원이 되는 방식이라고 여겼을 수도 있다. 하지만 그것은 오히려 관계의 모순이다. 노동자로 인정받지 못하는 이들이 조직을/사용자를 위해 무엇을 할 수 있을까를 먼저 고민하는 것이다. 그래야 할 이유는 없다.

근로조교 아르바이트들은 아마도 돈을 모아 부서의 교직원들에게 선물을 했을 것이다. 나는 교직원들이 그 선물을 받지 않았기를 바란다. 자신들이 준비한 명절 선물과 함께 되돌려주면서 "우리 부서를 위해 성실히 일해 주어 고맙다"고 말해 주었기를 바란다. 그것이 학생으로도, 또한 노동자로도 부서의 근로조교 아르바이트들을 위하는 방식일 것이다.

노동자와 그의 가족을 위해 선물을 고민하고, 상여금이나 교통비를 추가로 지급하고, 혹은 그러지 못하면 담당자가 미안한 낯빛으로 "내년에는 꼭……"이라는 사과라도 전하고, 그러는 것이 내가 아는 평범한 노동의 현장이다. 명절뿐 아니라 모든 일상에서 그렇게 '당연한' 것들이 있다. 경조사뿐 아니라 자기계발을 하고 싶다거나, 사내동호회를 만들고자 한다거나, 혹은 어떤 사유로 회사를 그만두게 된다고 해도, 우리가 아는 여러 조직에는 상상할 수 있는 크고 작은 당연한 지원들이 마련되어 있다. 그것은 근로기준법에 정해져 있거나 사회적 관습이거나 아니면 회사 내규에 따른다.

가장 전근대적인 공간, 대학

하지만 일상에서도, 그리고 명절에도 여전히 외로운 이들이 있다. 같은 노동의 공간에서도 정규직과 비정규직은 차별받고, 아니면 파트타이머들에게는 최소한의 예의조차 닿지 않는다. 대학뿐 아니라 그러한 숨은 노동의 공간이 고개만 돌리면 바로 눈 닿는 곳곳에 있다. 포장을 벗겨내고 한 발 물러서서 보면 우리가 아는 상식의 공간은 비상식이며, 비합리의 공간은 합리가 된다.

나는 추석을 앞두고 택배 상하차 아르바이트를 몇 번 했다. 집 근처 우편집중국에서 저녁부터 새벽까지 약 3주 동안 선물 세트에 파묻혀서 일했다. 저녁 식사를 제공하면서 최저 시급보다 약 천 원을 더 주었으니 그런 대로 보수가 괜찮은 일이었다.

물건을 가득 실은 대형 탑차가 들어오면 거기에 있는 물건을 전부 파레트에 옮겨 싣고 컨베이어벨트에 올렸다. 분류가 끝난 물건들이 파레트에 다시 담겨 오면 그것을 빈 차에 싣는 것까지 내가 해야 할 작업이었다. 삑삑거리면서 새롭게 차가 들어올 때마다 다들 "이런 씨⋯⋯"하고 욕을 내뱉었다. 정해진 시간은 있었지만 차는 계속해서 들어왔고, 그래서 거의 매일 연장 근무를 했다.

3일쯤 지나니 파레트에 넣었던 손가락들이 아파왔다. 요령 없이 손가락에 힘을 주어 밀다 보니 자꾸 곱아들었다. 연구실에서 논문을 쓰려는데 타이핑이 잘되지 않기에 몇 번이나 손을 주물렀다. 그러다가 어차피 가을이니 날씨도 좋고 해서 강의동 앞 벤치에 앉아 다른 때보다 오래 하늘을 바라보다 들어가곤 했다. 일을 마치고 세수를 하면 코에서는 검은 물이 나왔다. 하긴 먼지로 뒤덮인 밀폐된 곳에서 하루 6시간을 넘게 일했다. 그래서 마스크를 샀다. 숨을 쉴 때마다 안경에 김이 하얗게 올라왔지만 그래도 몸이 상하는 것이 억울해서 벗지 않왔다.

첫날 직원이 "거기 세 분은 저를 따라오세요"라고 해서 따라간 '세 분'이 있다. 나도 거기에 포함되었다. 우리에게는 가장 힘든 일을 시켰다. 모두 30대이고 그럭저럭 일을 시켜먹기 쉽게 생겼다는 특징이 있었다. 나중에는 서로 친해져서 기계처럼 호흡이 잘 맞았다. 눈짓이나 몸짓 한 번에 역할을 나누고 컨베이어벨트에 물건을 교차해 가며 올렸다. 나보다 나이가 일곱 살 많았던 형님은 작은 음식점의 사장이었다. 장사가 안 되어 아내에게 잠시 가게를 맡기고 돈을 벌러 나왔다고 했다. 삑삑, 하는 소리가 나면 어디론가 사라지는 이들이 있었지만 그와 나는 계속 그 자리에 있었다. 나는 그가 좋아서 함께 간식으로 나온 김밥이나 햄버거를 먹으면서 아이의 사진을 보여주곤 했다.

끝도 없이 들어오는 명절 선물을 차에 싣고 내리다 보면 이 많은 선물들은 모두 어디로 가는 걸까 궁금했다. 수천 개의 사과, 배, 복숭아 박스가, 또 수백 개의 한우, 곶감 박스가, 그리고 멸치가, 잣이, 크고 작은 무엇들이 계속해서 들어왔다. 거기에 나를 위한 물건은 단 하나도 없었다. 사람들은 '이렇게 많이' 명절에 선물이라는 것을 주고받는구나, 하고 그때 알았다.

명절 택배 상하차 작업이 끝나는 마지막 날에는 우체국의 담당 국장이 나와 모두를 찾아다니면서 인사를 건넸다. 아무런 사고가 없었고 성실하게 일해 주어서 고맙다며 먼저 고개 숙여 손을 내밀고는 악수했다. 마지막 작업을 하고 있던 나는 그런 대로 그것이 고마웠다.

그것은 노동하는 한 인간에게 갖추는 최소한의 예의로 다가왔다. 그러고 보니 맥도날드에서 일할 때도 크루들의 숫자에 맞춰 맥도날드의 로고가 박힌 간단한 명절 선물이 나왔다.

사실 내가 받은 첫 명절 선물은 멸치가 아닌 '악수'와 '맥도날드 컵'이다. 대학보다도 택배물류센터와 맥도날드가 오히려 더 구성원들을 인간적으로, 말하자면 노동자로 대했다. 내가 아는 한, 대학은 우리 시대의 가장 전근대적인 공간이다. 대학은 학생과 졸업생을 노동에 동원하면서도 그들을 숨은 노동자로 만든다. 말하자면 내부의 '대리인간'을 양산해 낸다. 나는 8년 넘는 시간 동안 대학에서 학생이자 노동자로 있었지만, 단 한 번도 노동자로서의 감각을 느껴본 일이 없다. 지식을 만드는 공간이 가장 사람을 위하지 못한다.

모두가 당연하다고 생각하는 어느 관습과 제도에서도 멀어진 이들이 우리 주변에는 존재한다. 그들의 처지에 공감하는 것은 어렵고, 그 축적된 절망을 간단한 투정으로 치부해 버리기는 쉽다. 하지만 우리는 명절뿐 아니라 그 어느 일상에서든 모두에게 공평한, 혹은 최소한의 대가가 돌아가고 있는지 돌아보아야 한다. 주변의 대리인간들에게 주체로서의 숨결을 불어넣는 일은 의외로 어렵지 않다.

대리기사는 대리기사처럼 보여야 한다　　　　　　　2016. 10. 20.

번화가에서 콜을 기다리고 있는데 누군가가 내게 다가왔다. 그러고는 "여자 필요하지 않으세요?" 하고 물었다. 벌써 여러 차례 겪는 일이다. "저는 대리……" 하고 답하자, 그는 "아, 대리 부르셨어요?" 하고 다시 물었다. 그래서 "아뇨, 제가 대리기사입니다" 하고 다시 답하니, 그는 "아니 대리기사처럼 안 생기셔서……" 하고는 멋쩍게 물러섰다. 언젠가는 손님이 "혹시 학원이나 학교 같은 데 계시지 않았나요?"라고 해서 그렇다고 하니 박수를 치면서 "목소리가 강단에 있는 분 같아요"라고 했다. 그에 따르면 나의 목소리가 '조곤조곤'하다고 했다.

대리기사가 대리기사처럼 보이지 않으면 그건 그런 대로 문제가 있다. 역할에 따른 가면을 빠르게 바꿔 쓰고 그에 적합한 신체를 만들어야 한다. 그래서 얼마 전 나에게 "저기도 대리기사 한 분 계시네!"라며 다가온 2명의 대리기사에게 고맙다. 그들은 번화가로 나가는 택시를 탈 것인데 함께 나가자고 했다. 어떻게 나가야 하나 고민하던 차에 무척 감사한 제안이었다. 무엇보다도 적어도 그들의 눈에 내가 대리기사로 보이는 것이다. 대리기사의 눈에는 대리기사가 보인다. 동류는 서로를 알아보는 법이다. 그렇게 언제든 동료가 될 수 있다.

22
노동의 대가를 **지불하는 데 걸리는 시간**

대리운전으로 인한 대가는 아침마다 즉각 지불된다

대리운전을 하다 보면 손님들이 자주 하는 질문이 있다. "이거 하면 얼마나 벌어요?" 하는 것이다. 대개는 단순한 호기심이지만 간혹 진지하게 묻는 이들도 있다. 그러면 나는 운행 요금에서 20퍼센트의 수수료를 제하는 것을 우선 말해 준다. 그에 따른 반응은 제각각이다. 적당하다고도 하고 너무 많이 가져간다고도 한다. 가끔은 수수료를 왜 떼냐고 묻는 손님도 있다. 그런데 밤부터 아침까지 일한 급여가 오전 10시에는 전부 입금된다고 하면 모두가 놀란다.

내가 소속된 카카오드라이버는 손님과 기사 사이에 현금이 오가지 않는다. 손님이 등록해 둔 신용카드로만 요금이 결제되고, 기사의 통장에는 카카오의 명의로 그 금액이 입금된다. 오전 8시를 기점으로 24시간 동안의 운행 내역에 따라 매일의 급여가 나온다. 저녁 7시부터 오전 3시까지 7개의 콜을 받고 총 15만 원을 벌었다면, 오전 10시를 전후해 수수료 20퍼센트를 공제한 12만 원이 입금되는 것이다. 다른 대리운전 업체들도 손님에게 직접 현금을 받는 경우에는 기사가 예치해 둔 금액에서 수수료만큼을 공제하는 방식으로 어떻게든 당일/익일 지급을 한다. 이것은 업계가 가지고 있는 하나의 원칙이자 약속이다.

이처럼 대리운전으로 인한 노동의 대가는 즉각적으로 지불된다. 전날 밤부터 새벽까지 일했다면 날이 밝는 대로 그만큼의 돈이 입금되는 것이다. 나는 우습게도 이것에 한동안 감격했다. 노동하고 '곧' 대가를 받는다, 이런 감각에 한동안 무뎌져 있었기 때문이다.

하지만 글, 그림, 음악 등 창작물에 대한 보상은 언제나 늦다

글을 쓰는 작가들뿐 아니라 그림을 그리고, 음악을 만들고, 연구하며 강의하는 많은 '프리랜서'들은 자신들의 창작물에 대한 보상을 대개 늦게 받는다. 주로 한 달이나 두 달이 지나 잊을 만한 때가 되면 통장에 돈이 입금된다. 애초에 원고료나 강의료가 얼마인지 먼저 물어보는 것도 민망한데 언제 지급되는지는 차마 물어보기 어렵다. 청탁하는 곳에서도 먼저 '글값'을 이야기하는 경우는 별로 없고, 언제까지 지급된다는 말은 웬만해서는 하지 않는다.

　말하자면 얼마를 드릴 테니 청탁에 응해 주십시오, 하는 것이 아니라 청탁에 응해 주셔서 감사합니다, 아 참, 원고료는 부족하지만 얼마입니다, 하는 식이다. 나에게 허락된 지면이 많은 것도 아니고 나를 필자로 섭외해 주는 것만 해도 감사한 일이다. 글값에 대한 언급을 피하는 것은 아마도 나를 위한 배려이거나, 아니면 부족한 비용 책정에 대한 민망함 때문일 것이다. 하지만 그러한 맥락의 이해와는 별개로 그 대가는 최소한 제때, 제대로, 지급되어야 한다.

　글이든 강연이든, 아니면 인터뷰든, 나는 두 달 정도를 나름의 입금일로 정해 둔다. 이 기간은 담당자가 인건비 지급을 요청하고, 그것이 단계를 거쳐 승인되고, 그들의 지출일에 맞춰 지급될 것까지 고려한 것이다. 하지만 두 달이 넘게 걸리거나, 아니면 아예 지급되지 않는 일도 종종 있다. 두 달이 넘어가면 가끔은 담당자에게 전화를 한다. 죄송하지만 몇 달 전의 강연비는 언제 지급될까요, 하고 조심스레 묻는다. 그러면 담당자는 아직 지급이 안 되었나요, 하고 놀라며 묻기도 하고, 그게 시간이 좀 걸립니다, 죄송합니다, 하고 답하기도 한다. 그런데 나의 자격지심이겠으나 그때마다 어떤 마음의 소리가 들린다. "안 떼어먹습니다. 글 쓰신다는 양반이 그걸 못 기다려서 보챕니까?"

　정말로 나에게 "지급은 무조건 되니까 조금 더 기다리세요"라고 말한 이들도 있다. 사실 그다지 많지도 않은 돈이다. 적으면 5만 원이고 많아 봐야 50만 원이다. 하지만 나의 가족이 숨 쉬고 살아가야 할 생활비이고, 나에게는 그들이 받는 월급만큼이나 소중한 노동의 대가다. 그러한 돈을 푼푼이 모아 나의 '월급'이 만들어진다. 그런데 그 지급을 몇 달씩 미루거나, 아니면 잘 모르고 있었다는 말로 웃어넘기면 그 때문에 나와 나의 가족이 곤란해진다.

우리가 합리적이라 믿는 시스템은 결국 노동자를 소외시킨다

그런데 지불이 늦어지는 것은 담당자의 게으름이나 실수 때문이 아니다. 그 조직이 특별히 나빠서도 아니다. 오히려 우리가 아는 가장 상식적이고 합리적인 조직일수록, 개인의 노동에 대한 대가를 늦게 지불한다. 이름만 들어도 알 만한 출판사, 신문/잡지사, 대학, 방송국, 관공서와 같은 곳이 그렇다. 근로계약서를 작성한 임직원들에게 매달 정해진 날짜에 맞춰 급여를 지급하는 것과는 별개로, 외부인에게는 더욱 복잡한 지급 절차를 거친다. 실제로 큰 조직일수록 "내부 결재가 복잡해서 지급일을 확인해 주기는 어렵다"고 말한다.

나는 대학에서 석/박사 과정생 시절에 학과/연구소 행정 조교로 일했다. 학회가 끝나면 각 발표자와 토론자의 인건비를 정산해야 했다. 그룹웨어에 접속해서 그들의 인적 사항을 입력하고 인건비 지급을 요청했다. 그런데 가끔 연구자들에게서 조심스럽게 전화가 왔다. 한 달이 지나도록 인건비가 지급되지 않았는데 알아봐 줄 수 있겠냐는 것이었다. 처음에는 나의 실수로 알고 그들에게 사과하고는 재무부에 확인 전화를 했다. 하지만 아무에게도 잘못이 없었다. 재무부의 담당자는 나에게 대학에는 정해진 지출일이 한 달에 한 번 있고, 모든 인건비 지출이 그날 이루어진다고 했다. 그러니까 학회가 언제 열렸는지, 연구자의 소속이 어디인지, 하는 것은 중요하지 않았다.

4개월 전에 특강을 한 어느 대학에서는 지난달에야 강연료가 나왔다. 지급되는 데 거의 3개월이 걸린 셈이다. 나는 대학의 지급 시스템을 알고 있었기 때문에 독촉을 하지 않았는데, 행사를 주관한 담당자에게 먼저 전화가 왔다. 지급이 늦어져서 죄송하다면서, 강의를 함께한 다른 분들은 강연료가 안 나온다고 전화가 오는데 선생님은 연락이 없으시네요, 했다. 그래서 나는 웃으면서 "대학에서 돈 받으려면 두세 달은 기다려야죠" 하고 말했다.

지금 내 주변에는 글을 쓰거나 그림을 그려서 생계를 유지하는 이들이 많다. 특히 작업실이 있는 망원동 근처에는 젊은 작가도, 감독도, 미술가도, 음악가도 많다. 각자의 원룸에서 칼럼을 쓰고, 카페에서 시나리오를 짜고, 스튜디오에서 그림과 음표를 그린다. 모두가 그 노동의 시간을 제대로 보상받는지는 알 수 없다. 아마도 어려울 것이다. 하지만 적어도 그들이 창작한 글, 그림, 음악을 사용했다면 그에 대한 대가는 제때, 그리고 절차를 갖춰 지급되어야 한다. 적어도 얼마의 금액을 언제까지 입금해 주겠다는 약속이 있어야 하고 그것을 지켜야 한다. 그것이 그들의 노동에 대한 예의이며 그들을 노동의 주체로 대우하는 방식이다.

나는 기독교 문학을 주제로 학위 논문을 썼다. 딱히 종교가 없으면서도 기독교와는 그렇게 인연을 맺었다. 논문을 쓰면서 성경을 종종 읽었는데, '신명기'에는 다음과 같은 구절이 있다.

"그 품삯을 당일에 주고 해 진 후까지 미루지 말라. 이는 그가 가난하므로 그 품삯을 간절히 바람이라."

품삯을 당일에 주고 해 진 후까지 미루지 말라는 것은 성경에 명시된 '율법'이다. 나는 이 대목을 읽었을 때 정말이지 기뻤고, 많은 위로를 받았다. 그 시기에도 노동의 대가를 제때 지불하는 것의 중요성을 모두 알았고, 그것이 노동자를 주체로 대하는 방식임을 알았던 것이다. 하지만 오히려 지금, 합리와 상식으로 가려진 구조 안에서 개인/노동자는 더욱 주체성을 잃고 소외된다. 말하자면 주체가 아닌 대리가 되어간다. 이것은 우리 시스템의 문제인 동시에, 창작자/연구자의 수고로움을 노동으로 여기지 않는 개개인의 문제이기도 하다.

나는 두 달 전에 쓴 글의 원고료와 어제 한 대리운전의 품삯을 같은 날 지급받는다. 어느 편이 더 상식과 합리인지는 명확하다. 타인의 운전석이, 우리가 믿는 그 어느 합리적인 공간보다도 오히려 더 인간을 주체로서 대우한다.

신분당선 막차를 타고   2016. 8. 1.

(신분당선 같은) 지하철 막차를 타면 승객의 90퍼센트가 대리운전 기사들
이다. 누구 하나 나 대리기사요, 하고 써 붙여놓은 것도 아니지만 서로가
서로를 알아본다. 다들 비슷한 옷차림에 비슷한 가방을 메고 비슷한 핸드
폰을 들고, 비슷한 표정으로 핸드폰 화면을 응시한다. 그러다가 좋은 콜이
뜨면 모두가 흠칫한다. 운이 좋으면 다음 역에 내려서 손님에게 가면 된다.
이야, 방금 남양주 누가 잡았어요? 아, 5분만 더 있다 왔으면 저거 내가 잡
았네. 뭐 그런 말들을 서로 듣고 흘리고 주워 담으면서 열심히 강남으로,
합정으로, 그 어디로 올라간다.

김영란법 D-1   2016. 9. 27.

오늘은 대리운전 콜이 정말 많다. 인근 1킬로미터에 쌓인 콜들만 해도 한
페이지를 채운다. 이런 날은 정말 드물다. 2만 원이 적정 요금이면 콜이 적
은 날은 1만 5천 원에도 기사들이 서로 잡아서 가는데, 오늘은 2만 5천 원
에도 둥둥 떠다닌다. 나는 오늘은 원고 마감 때문에 일을 나가지 않기로
해서 그냥 구경만 하고 있는데…… 다녀오고 싶다.
이 와중에 대리기사 카페에 가보니 갑자기 늘어난 콜에 대한 무척 유력한
분석이 있어서 붙여 넣는다.
"김영란법 내일부터 시행이라고 겁나 퍼마시나 봐요."
뭐 비 오니까 그렇겠지 싶으면서도 어 이건가 싶기도 하고, 뭔가 한정식집
에서 강남으로 가는 콜이 언뜻 보이는 것 같기도 하고, 모르겠다.

23
대리사회의 개인은 **잠시 즐겁고 오래 외롭다**

TV에서는 언제나 즐겁게 먹고 노래 부른다

망원동에서 천호동으로 가는 40대 손님은 조수석에 앉자마자 한숨을 내쉬었다. 젊은 나이에 회사에서 나와 사업을 시작했는데 직원들 월급 주는 일이 항상 걱정이라고 했다. 함께 차에 오른 그의 친구는 대리운전이라도 해서 돈을 보태야 하는 게 아니냐고 농담을 건넸는데 그는 정말로 그래야 할지도 모르겠다며 다시 한숨을 쉬었다. 나는 많이 힘드시죠, 하고 열없는 위로를 그에게 건네고는 강변북로로 접어들었다.

천호대교 이정표를 따라가는 동안 둘은 서로의 학창 시절에 대해 이야기를 나누었다. 아마도 고등학교 친구인 모양이었다. 도시락을 싸 다녔던 것과 조개탄을 받기 위해 아침마다 줄을 섰던 것을 즐겁게 회상했다. 나에게도 "저희와 비슷한 세대 아닙니까? 급식 안 먹었죠?" 하고 물어서 중학교 때까지는 도시락을 먹었고 조개탄 난로도 기억이 난다고 답했다. 나는 초중등 교육기관의 여러 시스템이 바뀌는 과도기에 학교를 다녔다. 도시락은 급식으로, 조개탄 난로는 온풍기로, 회전식 선풍기는 에어컨으로, 어느 순간 바뀌었다. 그러고 보니 국민학교에 입학해 초등학교를 졸업한 세대이기도 하다.

기억을 더듬어보면, 겨울이면 초록색 명찰을 단 주번들이 아침부터 줄을 서서 조개탄을 받아 왔다. 그 당시 담임교사들의 중요한 임무 중 하나는 조개탄 난로에 불을 붙이고 꺼뜨리지 않는 것이었다. 그러나 조개탄은 점심시간 이전에 거의 동났다. 그러면 소사 아저씨 몰래 조개탄을 훔치러 갈 특공대가 조직되기도 했다. 그런 추억을 함께 나누며 차 안은 조개탄 난로의 훈기가 느껴질 만큼 훈훈해졌다. 학창 시절을 추억하며 웃던 손님은 "그런데 요즘은 TV를 틀면 다 즐겁더라" 하고 갑자기 혼잣말을 했다. 그러고는 나에게 다음과 같이 말했다.

"요즘 TV를 틀면 다들 뭘 그렇게 맛있게 먹더라고요."

그의 말처럼 TV를 틀면 요리하거나, 맛있게 먹거나, 하는 모습이 언제나 나온다. 〈냉장고를 부탁해〉, 〈집밥 백선생〉, 〈맛있는 녀석들〉, 〈백종원의 3대천왕〉 등등, TV를 자주 보지 않는 나도 당장 몇 개의 요리/음식 프로그램을 손에 꼽을 수 있다. 인터넷 개인방송에서도 얼마나 많이, 빨리, 맛있게 먹는가 하는 것이 인기의 척도가 된다. 그에 따라 돈으로 환전 가능한 별이나 풍선 같은 것들을 선물받는다. 이른바 '먹방의 시대'다.

손님은 이어서 "뭐가 그리 즐거운지, 다들 노래도 불러요"라고 했다. TV를 틀면 모두가 노래를 부른 지는 좀 되었다. 전 국민을 가수로 만들겠다는 듯 모든 채널에서 노래 오디션에 열을 올렸다. 일반인들을 슈퍼스타로 만드는 프로젝트가 인기를 끌었고 나는 가수다, 선언하는 이들을 모아 우열을 가렸다. 흘러간 명곡을 다시 부르기도 하고, 섭외하기 힘든 두 가수를 두고 콜라보레이션 무대를 만들어내기도 했다. 그렇게 우리는 한동안 노래해 왔고, 지금도 남은 노래를 부르고 있다.

"그러니까 마치, 우리에게 아무 생각 없이 그냥 맛있는 걸 먹고 노래나 부르면서 다 잊으라고 하는 것 같아서, 당장은 재밌어도 조금 지나고 나면 허탈해져요."

뒤에 앉은 그의 친구는 맞장구를 치고는, 이전에는 국가 주도로 에로 영화를 제작했고 그 성과가 우리가 아는 〈애마부인〉이라고 했다. 영화에 조예가 없는 나는 처음 듣는 이야기였지만, 그는 계속 말을 이었다. 그렇게 국민들의 에너지를 다른 데로 돌리고 결국 남은 사람들을 좌절하고 포기하게 만드는 것이라고 했다.

과연, 손님은 그게 맞는 것 같다면서 나에게 "기사님은 어떻게 생각하세요?" 하고 물었다. 나는 천호대교로 올라가는 진입로를 타기 위해 조금 신경이 곤두서 있기는 했지만, 그의 질문에 성심껏 답하고 싶었다. 대개는 나는 이렇게 생각하는데 맞죠, 하고 묻거나 아니 이게 맞잖아요, 어떻게 생각해요, 하고 묻는다. 그러면 나는 나의 의견이 어떻든 "네, 맞습니다" 하고 맞장구를 치는 것이 고작이지만, 이번에는 그러고 싶지 않았다. 진심을 담은 목소리에는 그만한 진심으로 화답해야 한다. 그래서 그와 그의 친구가 그랬듯 나도 나의 '생각'을 전하기로 했다.

익숙한 공간의 재현은 더욱 외롭다

손님의 말대로 TV를 틀면 모두가 즐겁다. 노래를 부르고, 요리를 하고, 그것을 듣고 먹으면서 평가한다. 드라마에서도 갈등이 해소된, 몇 대에 걸친 대가족이 모여 밥상 앞에서 한바탕 웃고 떠든다. 하루 종일 별로 웃은 일이 없는 나는 그것을 그저 지켜볼 뿐이다. 화면을 바라보는 나를 제외하고는, 모두가 즐겁다.

대학원 과정생 시절에 논문을 쓸 때면 항상 배가 고팠다. 그래도 연구실에서 치킨을 시켜 먹을 수는 없으니 남이 즐겁게 먹는 것이라도 대신 보고 싶었다. 인터넷에 '치킨 먹방'이라는 단어를 검색하면 누군가가 치킨을 먹는 영상이 등장했다. 그들은 복스럽게 잘 먹었고, 나는 그것에 적당한 만족을 느꼈다. 그런데 새벽의 연구실이라는 특수한 시공간에서나 보던 그러한 방송이 이제는 케이블 방송을 넘어 공중파로까지 진출했다. 이것은 정상적이거나 일반적인 현상이라고 할 수 없다.

타인의 즐거움을 보며 대리로서 즐거워야 한다면, 역설적으로 나는/우리는 지금 그만큼 즐겁지 않다는 것이다. 현실이 만족스럽다면 남들이 먹고 노래 부르는 것에 지금처럼 필요 이상으로 열광할 이유는 없다. 결국 많은 이들이 새벽에 연구실에 앉아서 기약 없는 논문을 써 내려가는 것만큼이나 외롭거나, 아니면 절박한 심정이라는 이야기가 된다.

이전에는 출연자들이 외국을 배경으로 평생 먹을 일이 없을 것만 같은 이국적인 음식을 먹고 즐겼다. 하지만 지금은 우리 주변의 맛집이나 거리로 간다. 평범한 냉장고에서 누구나의 집에 있을 법한 재료를 꺼내 몇 분 만에 요리를 만들어내기도 한다. 일상의 공간에까지 이제 그들은 침투했다. 그리고 익숙함을 무기 삼아 우리에게 다가와서는 묻는다. "우리는 이렇게 즐겁고 행복한데, 너도 그렇지?"

그들은 가장 익숙한 공간에서 즐거워하고, 우리는 그들을 지켜본다. 그러면서 삶의 고단함과 절박함을 잠시 잊는다. 익숙한 공간이 재현되며 이전보다 더욱 주체가 되어 함께 그 즐거움에 동참하는 듯하다. 하지만 그러한 대리만족은 오래가지 않는다. 곧 누구에게도 대리시킬 수 없는 허탈함이 찾아온다. 특히 자신을 둘러싼 사회구조에는 아무런 문제가 없고, 남들처럼 즐거울 수 없는 자신에게 문제가 있다고 여기게 된다. 일상을 특별하게 재현한 지금의 먹방은 보는 이를 더욱 외롭게 만든다.

대리사회의 개인은 죄인이 된다

나는 손님에게 "저는 그것이 대리만족이라고 생각합니다" 하고 입을 열었고, 그가 느낀 허탈함에 대해 조심스럽게 나의 생각을 이야기했다. 물론 중언부언 길게는 아니었고 "같이 즐거울 수 없으니 더 외로워지는 게 아닐까요" 하는 내용으로 간단히 말했다. 그는 맞네요, 대리만족, 하고 말을 받았다. 사실 "먹고 노래 부르면서 다 잊으라는 것이냐"는 그의 의견과도 그다지 다를 것이 없다. 현실은 그저 웃고 잊을 만큼 간단하지 않다. 오히려 외로움이나 허탈함과 함께 어떤 분노를 이끌어 낼 만큼 가혹하다. 더 이야기를 나누고 싶었지만 차는 어느새 천호역에 다다랐고, 우리는 곧 작별했다.

'힐링'이라는 단어의 소멸 이후 '분노'와 '혐오'가 우리 사회를 뒤덮었다. 개인들은 이제 더 이상 아프다고 말하지 않는다. 대신 자신을 둘러싼 구조에 문제가 있음을 알았다. 'N포 세대'로 대변되는 허무와 고독, '노오력'이나 '헬조선'이라는 비아냥과 냉소는 어느 날 갑자기 만들어진 것이 아니다. 차근차근 임계를 향하던 개인의 감정들이 최근에 이르러 실체를 드러냈을 뿐이다.

하지만 대리사회의 괴물은 여전히 개인들이 그 분노를 온전히 발산할 수 없게 만든다. 대신 대리만족의 기제를 계속 내보내면서, 행복하지 않은 개인에게 문제가 있다고 말한다. 여기에 마취되고 나면 개인의 분노는 자신을 둘러싼 구조, 그 괴물에게 향하지 않는다. 대신 주변의 개인이나 스스로를 혐오하는 것으로 나아간다. 더욱 자극적인 마취/환각제를 원하게 되고, 그에 따라 점점 더 강한 쾌락의 기제가 끊임없이 재생산된다. 아주 잠시 즐겁고, 오래 외롭다.

요즘 나는 서울에서 지내며 가끔 어머니와 함께 TV 드라마를 본다. 거실에 앉아 있다 보면 자연스럽게 어머니가 챙겨 보는 여러 드라마를 조금씩 알게 된다. 드라마의 평범한 가족들은 이런저런 부침을 겪으면서도 커다란 식탁 앞에서 함께 식사한다. 아들, 손주, 며느리, 다 모여서 목청도 좋게 웃는다. 그러나 우리 가족은 그렇게 자주 모이지도 못하고 그렇게 웃을 만한 일도 별로 없다. 저마다의 삶을 살아내는 데만도 바쁘다. 모두가 함께 모여 웃으며 밥을 먹은 게 언제인지 잘 기억이 나지 않는다. 그것이 꼭 내 잘못 같아서 나는 죄인이 된다. 지켜보는 어머니도 아마, 외로울 것이다. 언젠가는 "다들 바쁜데 어떻게 같이 저녁을 먹어……" 하고 말하기도 했다.

대리운전을 하며 만난 손님과, 어머니와 내가 공유하는 감정은 결국 '분노'다. 현실이 가혹하고 절박할수록 현실과는 동떨어진 일상의 판타지가 강요된다. 처음에는 그것이 공감과 즐거움을 주기도 했지만 이제는 저마다에게 외로움을 주는 단계로 접어들었다. 분노를 토로하는 개인들도 많아졌다. 아마도 곧 노래와 음식을 넘어 또 다른 대리만족을 주는 무언가가 새롭게 등장할 것이다. 우리는 거기에 다시 열광할지도 모른다. 하지만 대리인간이 되기를 거부하는 개인들은 다시 다양한 방식으로 분노할 것이다. 다만 그 분노가 개인을 향한 혐오가 되어서는 안 되고, 자기 자신을 향한 것이어서는 더욱 안 된다. 익숙한 공간에까지 이미 침투한 대리사회의 괴물에게 온전히 닿을 수 있어야 한다. 그렇게 강요된 환각에서 깨어나 온전한 나로서/우리로서 '즐겁게' 싸워나가야 한다. 그러면 외롭지 않을 것이다.

어느 염치없는 새벽   2016. 10. 11.

어제는 특별한 날이었다. 새벽 1시 반에 중계동에 있다는 내용의 짤막한 글을 페이스북에 올리고 심야버스 정류장을 향해 걷는데, 갑자기 페북 메시지가 왔다. "혹시 중계동에 계시면……" 하고 시작하는 메시지였다. 처음에는 주변의 대리기사가 앱을 이용해 같이 셔틀을 타자고 하는 건가, 새로운 기능이 생겼구나, 하고 생각했다. 그런데 페북 친구로 등록된 분이 보낸 것이었다. 자신의 집이 내가 지금 있는 곳 주변이니 혹시 괜찮으시면 집에 잠시 오시면 어떻겠느냐, 하는 내용이었다.

나는 '지방시' 연재 시절부터 '나는지방대시간강사다' 페이지를 찾아주신 분들을 거의 기억한다. 그때부터 지금까지 나의 글에 꾸준히 관심을 가져주시는 분들에게는 정말이지 진심으로 감사드린다. 그런데 내가 이름을 기억하고 있는 분이었다. 혹시 그렇지 않다고 해도 너무나 감사했다. 누군가에게 먼저 손을 내밀어 호의를 베푸는 데는 많은 용기가 필요하다. 그것은 새벽에 다가온 한 줌의 온기였다. 그래서 괜찮으시면 근처 편의점에서 커피라도 한잔 같이 해요, 하고 답장을 드렸다.

우리는 곧 만났고, 음료수를 마셨고, 그분은 내친 김에 심야버스 정류장이 아닌 합정까지 태워다 주겠다고 말씀하셨다. 나는 애초에 N13 심야버스를 타고 종로까지 가서 콜을 받으려고 했다. 하지만 콜이 거의 끊긴 시간이기도 하고, 거기에서 다시 다른 노선을 타고 합정으로 돌아가게 되었을 것이다. 고민하다가, 그의 호의를 감사히 받았다. 사실 그는 이미 합정으로 출발하고 있었다. 가는 동안 그가 대학원 박사과정생이고 결혼을 앞두고 있음을 알았다. 나의 글과 서로의 삶과 또 이것저것에 대해서도 이야기를 나누었다. 그러다 보니 금방이었다. 그를 작업실에 잠시 초대해 냉장고에 있는 것을 이것저것 주섬주섬 꺼내 함께 나눠 먹었다.

무언가 대단히 염치없는 새벽이었다. (원래는 정말 편의점에서 커피만 한 잔하고 도망가려고 했다.) 덕분에 나는 예정보다 몇 시간 빠르게 작업실에 들어왔고 밀린 글을 조금 더 썼다. 신혼집에 연구를 위한 자신의 공간을 만들고 있다는 그가 좋은 연구 성과를 내기를, 그리고 아내와 함께 행복하기를 바란다.

24
새벽 2시의 합정은 **붉은 포도송이가 된다**

살아서 나갈 수 있을 것 같지가 않았다

가산디지털단지에 있는 동안 일산 가좌마을로 가는 콜이 주인을 못 찾고 둥둥 떠다녔다. 남들이 가지 않는 지역에는 그만한 이유가 있다. 아파트 단지만 덩그러니 있다든지, 버스 막차가 일찍 끊긴다든지, 그래서 어느 곳으로도 복귀가 어렵다든지, 대개 이러한 세 가지 이유가 겹쳐 있을 확률이 높다. 그래서 나도 수락 버튼을 누르지 않고 다른 콜을 기다렸다. 기다리면서 검색해 보니 일산보다는 파주와 더 가까운 곳이었다. 그러니까, 일산의 가장 서북쪽에 위치한 아파트 단지인 것이다. 역시 다른 기사들이 기피할 만했다 .

그동안 새벽 2시가 지나면, 나는 콜을 기다리면서 무작정 합정역 방향으로 걸었다. 그나마도 서울 시내에서나 가능한 것이고, 그 범위를 벗어나면 찜질방에서 첫차가 다닐 때까지 발이 묶여야 했다. 오래 걸은 날은 다음 날까지 몸에 무리가 갔고, 찜질방에서 자는 일이 늘어날 때마다 그 비용도 만만치 않았다. 그럴 때마다 묘한 패배감과 분노가 나를 감쌌다.

다시 가좌마을로 가는 콜이 들어왔고, 나는 잠시 고민하고는 수락 버튼을 눌렀다. 이런 식으로 서울 시내만 돌다가 발이 묶여서는 언제까지나 반쪽짜리 대리기사로 남을 것이었다. 가서 죽든 살든, 한 번 더 부딪혀 보기로 했다. 살아서 나오자, 하고 마음을 다잡으며 손님에게로 갔다.

나와 만난 40대 손님은 무척이나 반가워했다. 자신의 차에서 한참을 기다린 모양이었다. 주인을 찾지 못한 콜이 돌아다니는 동안 배정을 받아놓고 취소한 기사들도 있었을 것이다. 그는 사람 인연이 그렇게 쉽게 끊을 수 있는 게 아닙니다, 하고 잠시 횡설수설하더니 선루프를 열고 곧 잠이 들었다. 나는 곧 자유로에 진입해서 일산 방면으로 계속 운전했다. 파주까지 가는 거 아닌가 싶을 만큼 계속 북쪽으로 가서야 '가좌'로 빠지는 출구가 나타났다. 과연 손님의 집은 일산이라고 하기에는 많이 외진 곳에 있었다. 돌아갈 길이 걱정이었다. 주차를 하고 그를 흔들어 깨웠다. 인연을 중시하는 그가 택시비라도 조금 얹어 주지 않을까, 하는 기대를 조금 가졌다. 그러나 그는 기사님 잘 들어가요, 하고는 비척비척 자신의 집으로 멀어져 갔다.

12시가 조금 넘은 시간이었다. 근처 버스 정류장을 검색해 보니 이미 모든 버스의 막차가 끊겼다. 신촌으로 나가는 광역버스가 한 대 있기는 했지만 이미 2시간 전에 운행이 종료되었다. 비로소 그 많은 기사들이 왜 아무도 가좌로 오는 콜을 잡지 않았는지 이해가 되었다. 살아서 나갈 방법이 도무지 없을 것 같아서, 아파트 단지 앞에서 멍하니 서 있었다.

부족한 택시비는 제가 낼 테니 모이세요

아파트 단지를 중심으로 이리저리 걸어보아도 끝없는 도로만 펼쳐졌다. 지도를 보니 1시간을 넘게 걸어가야 3호선 대화역이 나타날 것이었다. 하지만 거기로 간다고 해서 콜이 나올 것이라는 보장도 없고, 그러면 합정역을 향해 무작정 걷던 때와 나을 게 없는 것이다. 그런데 지도를 확장해 보니 2킬로미터 남짓한 곳에 2명의 대리기사가 있었다. 카카오드라이버에서 제공하는 지도에는 주변 대리기사의 위치가 대략적으로 표시된다. 그들은 분명히 '같이' 움직이고 있었다. 나는 그들이 있는 곳으로 뛰기 시작했다. 나는 이 작은 마을에 고립되었지만, 그래도 혼자가 아닌 것이다.

지도를 보면서 방향을 잡고 뛰는 동안 그들이 곧 사라져버릴 것만 같아서 두려웠다. 어서 따라잡아야 했다. 만나기만 하면 어떻게든 함께 '탈출'할 수 있을 것만 같아서, 그들도 나처럼 사람이 필요할 것만 같아서, 나는 그 어느 때보다도 간절했다. 모퉁이를 돌고 길을 건너면서 그들의 위치를 가리키는 빨간색 점에 조금씩 가까워졌다. 그리고 곧 그들과 마주할 수 있었다.

간이 정류장이 하나 있고, 거기에 대여섯 사람이 옹기종기 모여 있었다. 뒤에는 작은 24시간 편의점이 하나, 맞은편에는 작은 삼겹살집이 하나, 심지어 길가에는 택시도 두어 대, 그것이 마치 오아시스처럼 내 앞에 나타났다. 나는 모두의 손을 잡고 반갑습니다, 당신도 살아계셨군요, 하는 인사라도 하고 싶은 심정이었다. 하지만 표정이 대개 밝지 않았다. 나는 그나마 평온한 얼굴을 하고 있는 50대 남성에게 혹시 여기에서 합정으로 갈 수 있는 방법이 있을까요, 하고 물었다. 그러자 그는 안경을 추켜올리며 "라페스타로만 가면 다 합정 나가는 차들이지" 하고 답했다. 라페스타까지는 어떻게 가나요, 하고 다시 묻자 그는 "이 사람들 다 거기 가는 셔틀 기다리니까 기다렸다 같이 타면 돼"라고 했다. 나에게는 그것이 구원의 목소리와도 같았다.

그런데 그때 내 주머니에는 현금이 없었다. 그는 그런 나를 보고는 "아니, 무슨 대리기사가 셔틀비를 안 가지고 다녀? 저기 편의점에서 빨리 뽑아"라고 했다. 과연, 나는 그의 말에 따라 편의점에 들어갔다. 하지만 현금인출기가 없었다. 하는 수 없이 다시 바깥으로 나왔다. 그때 이후로 나는 대리운전에 나설 때면 언제나 천 원짜리 여섯 장을 잊지 않고 챙긴다. 그런데 나뿐만 아니라 모두가 어떻게든 여기에서 탈출하기 위해 필사적이었다. 두어 사람이 택시가 있는 곳으로 다가가 "라페스타!" 하고 외쳤는데, 택시는 그들을 그대로 지나쳐 갔다. 셔틀이 오려면 꽤나 시간이 남았다고 하고, 모두의 짜증이 오를 만큼 올랐다.

나는 그때 무슨 용기가 났는지, 아니면 객기였는지, "라페스타 가실 분들 같이 가요!" 하고 외쳤다. 몇몇이 나를 돌아보았고, 나는 "2천 원씩 저에게 주시면 부족한 택시비는 제가 카드로 결제하겠습니다" 하고 덧붙여 말했다. 2명이 그러면 우리는 좋죠, 하고 나에게 다가왔다. 나는 카카오택시를 호출했고, 곧 어디에 있었는지 택시 한 대가 달려왔다. 그것을 보고는 한 명이 더 "그럼 나도 가지, 허허" 하고는 다가왔다. 내가 처음 말을 걸었던 그 50대 남성이었다. 마침 택시가 우리 앞에 섰고, 나는 조수석에 올라탔다. 나머지 세 사람도 뒷좌석에 나란히 앉았다.

택시는 일산의 새벽을 달려, 곧 라페스타에 도착했다. 그런데 요금이 7500원밖에 나오지 않았다. 그걸 보고 누군가는 "아, 거봐, 여기서 라페스타 미터기 켜고 와도 이런데 아까 그 택시 기사는 바보야, 뭐야" 하고 불평했다. 나는 얄궂게도 1500원을 내고 라페스타까지 온 셈이 됐다. 그런데 택시 기사는 "혹시 합정까지들 가시면 2천 원씩 내고 가실랍니까?" 하고 우리에게 물었다. 나는 내리려다가 멈칫하고는 그러겠노라고 했다. 한 명은 라페스타에서 승부를 보겠다는 듯 멀어져 갔고, 나머지 둘은 남았다. 기사는 우리에게 "그러면 한 명을 더 채움

시다"라고 했는데, 그 말이 떨어지자 40대 남성이 택시에서 내렸다. 그러고는 한 손을 반쯤 열어둔 택시 문에 올리고는 "합정까지 2천 원한 명!" 하고는 크게 외쳤다. 그의 목소리는 그 거리의 곳곳에 잘 울려 퍼졌다.

서너 번 외치는 동안 별 반응이 없자 기사는 "아이고, 됐습니다, 그냥 셋이서 갑시다" 하고는 그를 들어오게 했다. 우리는 2천 원씩을 모아 기사에게 미리 건넸다. 출발한 지 1분쯤 되었을까, 일산 동구로 가는 콜이 들어왔다. 40대 남성은 "기사님, 저 콜 잡았습니다. 내려주세요" 하고 말했다. 그는 "죽어도 일산에서 죽을게요. 잘들 들어가요" 하고는 도로변에서 작별했다.

대리기사가 아니라 한 인간으로서 오래 기억하고 싶은 날

일산 가좌마을에서 출발해, 라페스타를 경유하고, 다시 합정으로 돌아오는 동안 내가 지출한 비용은 총 3500원이었다. 얼마나 비상식적인 요금인가 싶어 믿어지지가 않았다. 그러니까, 이것이 '택틀(택시셔틀)'이라는 형태의 이동수단이었다. 택시가 어느 지역을 벗어나고자 할 때 대리기사들에게 한 사람당 2천~3천 원을 받고 함께 움직이는 것이다. 예컨대 서울 지역의 택시가 경기도에서 손님을 태울 수는 없다. 그러다가 적발되면 벌금을 내야 하고 무엇보다도 해당 지역의 택시 기사들이 그냥 두고 보지는 않는다고 한다. 그래서 택시 기사와

대리기사들은 거리에 마치 하나의 포도송이처럼 존재한다. 그렇게 하나의 '코뮌'으로 조직되었다가 해체되기를 반복하면서, '함께' 살아남는다.

대리기사들 사이에는 일종의 암묵적인 '공생'이 이루어지는 것이다. 택시 기사도 서울로 그냥 돌아가느니 대리기사들에게 약간의 돈을 받고 함께 움직이는 편이 낫다. 내가 이 관계에 대해 이해하는 데는 꽤나 오랜 시간이 걸렸다. 나는 함께 택시를 타고 온 50대 남성에게 "저 선생님, 말씀 좀 여쭙겠습니다" 하고 다가갔다. 그에게 묻고 싶은 것이 많았다.

다행히 그는 핸드폰으로 콜 리스트를 보고 있다가 "아, 그래, 당신 덕분에 아주 편하게 잘 왔네. 근데 뭐?" 하며 안경을 추켜올렸다. 나는 그에게 그간의 사정을 설명했다. 강남에서 합정까지 걸어온 것이나, 대체 셔틀이라는 건 어디서 어떻게 타야 하는 것인지, 찜질방에서 자는 것도 이제 질렸다든지, 그러한 것들을 열심히 주워섬겼다. 그러자 그는 쿡쿡 웃으면서 "아니, 셔틀은 그냥 정류장 따라 걷다 보면 와서 알아서 태워줘" 하고 말했다. 그러니까 셔틀 노선이 각 지하철역이나 정류장을 따라 이어져 있고, 관련 애플리케이션을 다운받아 그것을 익히면 된다는 것이었다. 그런데 그보다는 심야버스의 노선을 외우는 편이 낫고, 아까처럼 정말 별수가 없을 때는 셔틀을 기다리거나 주변의 기사들을 모아 '택틀'을 타면 될 것이라고 했다. 내가 그에게 "아니 우리가 걷고 있으면 어떻게 대리기사인 걸 압니까?" 하고 묻자 그는 "왜 몰라, 그 사람들 빠꿈이라서 그냥 뒷모습만 봐도 대리기사인 거 알아" 하고 답했다. 그래도 정 불안하면 핸드폰을 꺼내서 흔들면 알아서 태워 간다고 덧붙였다.

그는 들여다보던 핸드폰을 아예 덮고 나에게 몇 가지 '팁'이랄 것을 더 일러주었다. 셔틀과 심야버스의 노선을 보는 법에 더해, 일요일은 기사들이 많이 쉬어서 콜 받기가 쉬우니까 젊은 당신은 나와서 더 일 하라고도 했고, 하루를 쉬면 다음 날도 쉬고 싶으니 웬만하면 매일 일 하라고 격려하기도 했다. 나는 그에게 저는 합정을 거점으로 일하는 데 합정은 대리운전하기에 어떤 곳입니까, 하고 물었다. 이상한 선문 답이 되어가고 있었지만 그는 "어휴, 강남 다음으로 제일 좋은 곳이지. 강남 교보하고 합정은 어디에서든 다 가" 하고 답해 주었다. 나는 그에게 거의 90도로 고개를 숙여 인사하고는, 부모님의 집을 향해 걸어갔다.

마치 구름 위를 걷는 것처럼, 발걸음이 가벼웠다. 이미 나는 집을 향해 그 어느 때보다도 벅찬 마음으로 유영하고 있었다. "라페스타 가실 분들 같이 가요!" 하고 외치던 그 목소리가 떠나지 않고 아직 그대로 내 몸에 남아 나를 고양시켰다. 조금은 '대리기사'가 된 것 같아서, 이제는 어디서든 살아남을 수 있을 것 같아서, 가슴이 벅차올랐다.

택시 기사는 내가 조수석에 앉아 합정역의 지도를 보고 있자, "거 꼭 빨간 포도송이 같네, 허허" 하며 웃었다. 합정역부터 홍대입구까지 점점이, 그리고 겹겹이 모인 그 붉은 점들은 정말이지 그렇게 보였다. 그리고 그것은 가장 정확한 표현이기도 했다. 기사들은 곳곳에 흩어진 점이면서, 동시에 포도송이처럼 서로 연결되어 있다. 어느 새벽에 나는 그들과 함께 하나의 '코뮌'을 조직했다. 그것으로 이동의 자유를 얻었고, 어디서든 그렇게 손을 내미는 주체가 될 수 있지 않을까, 하는 작은 경험을, 그리고 용기를 함께 얻었다. 사람의 인연은 쉽게 끊을 수 없으니 누군가 먼저 용기를 내야 한다. 그러면 우리는 곧 잊고 있던 선을 기억해 내고 서로 연결될 수 있을 것이다. 대리기사로서뿐 아니라 한 인간으로서 오래 기억하고 싶은 날이다.

더불어 대리운전을 시작한 첫날에 문막에서 만난 대리기사가 생각났다. 나는 그 덕분에 집으로 돌아갈 수 있었다. 그로부터 벌써 세 달이 지났다. 다시 그를 만난다면 "저 이제 이만큼 컸어요" 하고 자랑하고 싶다. 그러면 그는 그때처럼 알 듯 모를 듯 웃음 지을 것만 같다.

남양주에서 만난 부처님과 예수님   2016. 10. 19.

남양주 '화도읍'이라는 곳에 왔다. 새벽 1시가 넘은 시간이었다. 덕소나 별 내까지는 가보았지만 이렇게 남양주에서도 외곽으로 오기는 처음이었다. 주변에 기사가 얼마나 있나 검색해 보니 간신히 3명 정도가 나왔다. 카카오 기사만 표시되니 기사들이 더 있긴 할 테지만 어디로 가야 할지 알 수가 없었다. 우선 대로변으로 나와서 정류장에 잠시 앉았다. 그리고 어떻게 나가야 할지를 고민했다. 그런데 건너편에서 "저기도 대리기사님 있네!" 하고 두 사람이 다가왔다. 그들도 운행을 마치고 근처 아파트에서 대로변으로 걸어 내려오는 참인 것 같았다. 내가 인사를 건네자 그들은 "아이고 여기서 뭐 해요? 같이 내려가서 택틀 타고 구리역으로 갑시다" 하고는 사거리 방향을 가리켰다. 나는 그때 그들이 한 명은 예수님, 한 명은 부처님, 그렇게 나를 구원해 주기 위해 나타난 것처럼 보였다. 고맙게 그들의 뒤를 따랐다.

그들은 화도읍 사거리로 나가면 강남은 3천 원, 구리는 2천 원, 이렇게 나갈 수가 있다고 했다. 대리기사들도 모여 있을 것이고, 택시 기사들도 대리기사를 태워 가려고 기다린다고 했다. 나는 그들에게 이것저것을 물었다. 아니, 내가 묻기 전에 그들 중 한 명이 쉴 새 없이 말했다. 나는 단어 하나까지 다 주워 담다가, 나중에는 조금씩 걸러서 들었다. 진접으로 가면 들개한테 물리기 쉬우니 웬만하면 가지 말고, 정 가게 되면 나무 작대기라도 하나 들어야 한다고 한 것이 기억에 남는다.

과연, 사거리에는 택시도 있고 대리기사들도 몇 있었다. 지나가는 택시에 "대리기사 셋 구리!"라고 소리치니 택시가 정말 섰다. 주변에 있던 50대 남자 하나도 거 그럼 나도 갑시다, 하고는 같이 탔다. 그렇게 네 사람이 함께 타고 2천 원씩 돈을 걷는데, 택시 기사가 "아니 구리까지 2천 원? 나 못 가. 다 내려요" 하고는 차를 세웠다. 3천 원씩 줘야 가겠다는 것이었다. 아, 예, 하고 내리려는데 마지막에 탄 사람이 "이게 뭐 하는 짓이에요! 내가 만 원 낼 테니 가요!" 하고 일갈했다. 그래서 1만 6천 원을 모아서 택시 기사에게 주었다. 그는 대리기사가 아닌 일반인이었다. 구리로 가는 사람들이 있으니 덩달아 같이 탄 것이었다. 그는 "내가 2천 원 더 낼 테니 유료도로로 갑시다. 아니, 이분들한테 어떻게 내리란 말을 합니까" 하고는 흥분해서 말을 이었다. 나중에는 욕도 하고 삿대질도 했다. 나는 중간에서 아이고 기사님도 사납금 맞춰야죠, 항상 감사드리고 있습니다, 하면서 서로의 흥분을 가라앉히는 역할을 맡았다. 그러는 동안 택시는 고속도로를 시속 160킬로미터로 달렸다. 계기판이 아니라 내비게이션에 적힌 숫자가 선명하게 160이었다. 10월 19일, 내 생일이었는데 아무래도 제삿날이 될지도 모르겠다는 생각이 들었다.

택시에서 내린 두 대리기사는 택시 기사에 대한 이야기를 했다. 화도읍에서는 그도 어차피 빠져나와야 하고 서울 기사라서 손님을 태울 수도 없는데 1만 8천 원을 받아서 나왔으니 그가 무척 운이 좋았다는 것이다. 게다가 일반 손님을 태운 것이니 다른 기사들이 알면 봉변을 당할 것이라고도 했다. 나는 대리운전을 하기 이전에는 잘 몰랐는데, 각 지역의 택시 기사들은 지정된 지역을 벗어나서는 영업을 할 수가 없다. 대리기사들을 태워 가는 정도만 '공생'으로 눈감아 주는 정도다. 그래서 그들에게 "걸리면 어떻게 되는 겁니까?" 하고 물었더니, "벌금이 150만 원인데 그 전에 여기 택시 기사들한테 맞아 죽죠"라고 답했다. 여기는, 따뜻하고도 무서운 생태계다.

25
기계들의 **밤**

핸드폰은 신체의 일부가 된다

대리운전을 하는 동안 '핸드폰'은 내 신체의 일부가 된다. 누가 시킨 것도 아니지만 손에 꼭 쥐고 절대로 놓지 않는다. 밤이 되면 거리에는 나와 같은 이들이 늘어난다. 그중에는 페이스북을 하거나, 게임을 하거나, 웹툰을 보는 사람들도 있다. 하지만 나는 누가 대리운전 기사인지를 쉽게 구분할 수 있다. 그것은 얼마나 간절하게 핸드폰 화면을 응시하느냐의 차이다. 그들은 언제 들어올지 모르는 콜에 주변의 누구보다도 빠르게 반응해야 한다. 그래서 손가락 하나를 언제든 수락 버튼을 누를 수 있는 근거리에 두고는 계속해서 핸드폰 화면을 응시한다. 예전에는 그런 '간절함'을 가진 이들이 보이지 않았는데, 이제는 대리기사들이 우선 눈에 들어온다. 우리에게는 서로를 알아보는 눈이 있다.

'카카오드라이버(기사용)' 애플리케이션에 들어가서 '출근하기' 버튼을 누르는 순간부터 핸드폰은 나의 일부가 된다. 그때부터 근거리의 콜이 자동으로 나에게 들어온다. 원하면 10킬로미터 근방에 있는 여러 콜들을 검색해 볼 수도 있다. 거리의 벤치나, 정류장이나, 편의점 앞 파라솔이나, 적당한 곳을 정해 앉고는 콜을 기다린다. 곁에는 나를 닮은 '우리'가 점점이 늘어난다. 누군가는 콜을 잡아 일어나고, 누군가는 새롭게 자리를 잡고 앉는다. 운이 좋으면 바로 일어날 수 있지만 그렇지 않으면 1시간 넘게 멍하니 앉아 있기도 한다.

콜카드를 수락하고 나면 손님이 있는 데까지 '도보 내비게이션'이 제공된다. 그래서 나는 익숙하지 않은 거리에서도 핸드폰의 지도를 보면서 손님에게 가까워질 수 있다. 길을 전혀 몰라도 우선 방향만 잡고 움직이면 되는 것이다. '5분 후 도착합니다'와 같은 정해진 문자를 보내거나 전화를 하면서 걷고 뛴다. 가끔은 고속도로 같은 건널목 없는 도로가 나타나서 개구멍을 찾아 움직여야 하는 일도 있고, 하천이 나타나면 다리를 찾아 헤매기도 한다.

운행을 시작하고부터 핸드폰은 '내비게이션'이 된다. 거치대가 있으면 양해를 구해서 거기에 끼우고, 그렇지 않으면 적당한 곳에 두고는 '음성 안내'를 들으면서 목적지로 간다. 그러는 동안 핸드폰은 '미터기'의 역할도 수행한다. 이동한 거리와 걸린 시간을 계산해서 요금을 매긴다. 택시에 탔을 때는 미터기의 '말'이 달리는 것을 보며 뭐 이렇게 돈이 거침없이 올라가나 싶었는데, 내가 운전하는 입장이 되고 보니 왜 이리 돈이 안 올라가나, 프로그램이 고장 났나, 싶어 불안하다. 저마다의 처지에 따라 시간은 다르게 흐른다.

운행을 마무리하면 나는 손님을, 손님은 나를 '평가'한다. 어떤 의미가 있는지는 모르겠지만 나쁨, 보통, 좋음의 선택지가 있다. 한 번을 제외하고는 모두 '좋음'을 눌렀다. 아직 특별한 페널티가 없는 것으로 보아 손님들도 그러지 않았을까, 한다. 손님에게 인사를 하고 불빛이 있는 번화가로 걸어가 거기에서부터 다시 새로운 콜을 기다린다. 그러면서 핸드폰으로 그 지역 광역버스의 막차 시간이나 대리기사를 위한 셔틀버스 노선을 검색한다.

대리운전은 운전을 할 수 있는 한 인간과 핸드폰이 치밀하게 연동하는 노동이다. 그래서 걷고 뛰면서 몸이 지쳐갈지라도 핸드폰 배터리는 언제나 가득 채워두어야 한다. 배터리가 모두 닳아 없어지는 순간 더 이상 일할 수 없게 되는 것이다. 100퍼센트 충전된 배터리 2개를 가지고 거리로 나오면 마음이 든든하다. 언제까지든 일할 수 있을 것 같고 어디든지 갈 수 있을 것 같다. 하지만 충전이 부족하거나 추가 배터리를 깜빡하고 가지고 나오지 않았다거나 하는 날엔 초조해진다. 나는 몇 번 배터리가 부족해서 퇴근해야 했다. 정말 좋은 콜을 눈앞에 두고 물러나기도 했고, 한번은 운전 중에 운행 종료 버튼을 누르고 나머지 거리는 무료 봉사를 하기도 했다. 그럴 때면 내가 그렇게 한심할 수가 없었다.

나의 핸드폰은 2년 가까이 된 알뜰폰이다. 갤럭시나 아이폰 같은 브랜드도 아니다. 그래도 그동안 아무 불편함 없이 잘 써왔지만 대리 운전을 시작하고 보니 애물단지가 되었다. 우선 완전히 충전해도 2시간이면 방전되었다. GPS를 계속 켜고 다녀서 그렇기도 하겠지만 배터리 2개를 가지고 나와도 새벽 3시까지 버티기가 힘들었다. 얼마 전부터는 스피커 기능이 고장 났다. 그래서 내비게이션의 음성 안내를 들을 수 없게 되었다.

무엇보다도 GPS를 잡는 데 너무나 오랜 시간이 걸렸다. 같이 대기하던 옆의 기사는 웃으면서 콜을 받아 일어나는데 나에게는 같은 알림이 뜨다가 '이미 배정이 완료되었습니다' 하고 곧 사라지는 것이다. 그러면 울컥, 당장이라도 핸드폰을 바꾸고 싶었다. 4개월만 지나면 위약금을 낼 일이 없으니 버텼지만, 그렇게 손해 본 금액이 아마도 위약금보다 많지 않았을까 한다. 그리고 내비게이션이 잘 작동하지 않아서 엉뚱한 도로로 진입하기도 했다. 한번은 손님에게 "아, 이 사람이 정말!" 하고 욕을 먹었다. 그가 버럭버럭 여기, 저기, 아 저기, 하는 동안 나는 날이 밝으면 반드시 핸드폰을 바꾸겠다고 마음먹었다. 그에게도 미안한 일이었다.

다음 날 나는 가까운 대리점에 갔다. 이런저런 최신 폰을 한참 살펴보고 몇 번이나 들었다 놨다 하다가, 한 단계 이전의 모델을 골랐다.

대리운전 기사들은 기계와 한몸이 되어 기다리고, 걷고, 뛴다. 기계가 신체에 종속되었다기보다는
오히려 그 반대다. 지문이 없어진 그들의 신체는 이미 기계화되었다. 막차가 끊긴 시간부터 첫차가
움직이기 이전까지 '기계들의 밤'이 열린다.

대리운전을 하는 데는 그것으로 충분할 것이었고, 90만 원씩 기곗값을 내고 싶지는 않았다. 용량이 1만 밀리암페어(mAh)라는 보조 배터리도 하나 마련했다. 구입하려고 검색을 하는데 옆에 있던 친구가 나 보조 배터리 많은데 이거 써, 하고는 그 자리에서 나에게 주었다. 집에 몇 개씩 굴러다닌다는 그 말을 그대로 믿을 수는 없었지만 감사히 받았다.

이 거리에 사람이 있다

새로 마련한 핸드폰과 보조 배터리를 가지고 거리로 나가니 마치 무기를 업그레이드하고 전장에 선 것처럼 든든하고 설레었다. 핸드폰에는 전에 없던 여러 기능들도 많았는데, 지문 인식 기능이 제일 신기했다. 엄지손가락을 홈버튼에 1초가량 대고 있으면 화면 잠금이 풀렸다.

새로운 핸드폰으로 들어온 첫 콜의 목적지는 방배동이었다. 강남은 모든 기사들이 선호하는 곳이다. 다음 콜을 받아 움직이기도 쉽고 여러 방향의 목적지가 다양하게 나온다. 기쁘게 수락 버튼을 누르는데 터치가 잘되지 않았다. 당황해서 계속 눌렀지만 마찬가지였다. 아, 그러고 보니 나는 지문을 등록해 두었다. 뒤늦게 엄지손가락을 홈버튼에 갖다 댔는데, 그러는 동안 다른 기사가 이미 그 콜을 가져가 버렸다. 나는 잠시 멍해졌다가, 이 상황이 어이가 없어서 혼자 허탈하게 웃었다.

나는 대리운전 기사다. 지문 잠금이라니, 그렇게 생체 정보를 입력하고 화면을 잠가두어야 할 만한 여유는 나에게 없다. 센서가 지문을 인식하는 1초는 너무나 길고, 말하자면 사치에 가까운 시간이다. 나는 곧바로 핸드폰에 걸린 모든 잠금을 풀었다. 나는 이 기계가 보내는 모든 신호에 즉각 반응해야만 한다. 눈을 깜빡이거나, 코로 숨을 쉬거나, 귀로 듣는 것처럼, 자연스럽게 한몸이 되어 교감해야 한다. 핸드폰은 나와 연결된 하나의 생체, 외부의 장기와도 같은 존재다. 그러지 않으면 거리에서 살아남을 수가 없다.

대리운전 기사들은 기계와 한몸이 되어 기다리고, 걷고, 뛴다. 기계가 신체에 종속되었다기보다는 오히려 그 반대다. 지문이 없어진 그들의 신체는 이미 기계화되었다. 막차가 끊긴 시간부터 첫차가 움직이기 전까지 '기계들의 밤'이 열린다.

그렇게 기계가 된 이들을 다시 사람으로 호출하는 것은, 결국 사람이다. 기사와 손님이 서로의 얼굴을 마주하는 순간 거기에는 사람만이 존재한다. 하지만 그들을 여전히 기계로 두는 이들이 있다. 그저 핸드폰에서 간단한 클릭 몇 번을 하는 것으로 자신이 해야 할 그 무엇을 타인에게 대리시키면서, 그 기계 너머에 사람이 있음을 잊는 것이다. 그래서 자신에게 달려오는 것이 사람임에도 불구하고 그의 수고로움을 상상하지 못한다. 쉽게 호출을 취소하기도 하고, 아니면 기계를 대하듯 타인의 감정을 고려하지 않고 발화하기도 한다.

그러나 간편함에 이끌려 사람을 상상하는 법을 잊게 되면, 그 역시 기계가 되어버린다. 타인의 처지에서 사유하거나 공감하지 못하고, "여기에 사람이 있어요"라는 누군가의 절망에도 무뎌지게 되는 것이다.

　오늘도 기계들의 밤이 열린다. 하지만 그 누구도 기계가 아니다. 나는 '지문'이 있는 한 인간으로서 그 밤을 걷는다. 이 거리에, 사람이 있다.

대리 불렀어, 대리 오셨어   2016. 10. 18.

운전을 시작하면 손님은 가족에게 전화를 한다. 그러지 않더라도 곧 전화가 오곤 한다. 그런데 "대리 불러서 가고 있어"라고 하는 이들이 있고, "대리 오셔서 가고 있어"라고 하는 이들이 있다. '부르다'의 주체는 자기 자신이고, '오시다'의 주체는 타인이다. '(내가) 대리를 불렀어'와 '(대리가) 왔어'에는 많은 차이가 있다. 가끔은 '대리……' 하고 잠시 망설이다가 적당한 단어를 찾지 못하고 '불렀어' 하고 말하는 이들도 있다. 그 망설임은 아마도 상대방을 주체로 상상하기 위한 시간일 것이다.

우리는 타인을 주체의 언어로 말하는 데 인색하다. 별것 아닌 말의 습관이라 할 수 있겠지만, 상대방을 동등한 주체로서 대하고 있는가 아닌가에 대한 문제가 된다. '대리 오셨어'라고 말하는 이들에게, 그들이 보이는 그 삶의 태도에 대해 순수한 존경을 보낸다.

기사님 오늘 돈값 하셨네요

대리운전 기사도, 조수석에 앉은 차주도, 뒷좌석에 앉은 그의 일행도, 다
함께 기뻐하는 어느 순간이 있다. 그때는 대리운전 기사가 먼저 "와 오
늘……" 하는 감탄사를 내뱉고, 조수석의 차주는 '기사님 오늘 돈값 하셨
네' 하는 미소를 보내고, 뒷좌석에서도 "오늘 대리는 탁월한 선택이었어!"
하는 격려를 보낸다. 당연하겠지만, 예고에 없던 음주단속을 하는 날이다.
단속이 가까워질수록 차의 분위기는 흥겨워지고, 내가 더더더더, 하는 네
박자에 맞춰 입김을 분 이후에는 더없이 훈훈해진다.
어제는 콜을 받고 가는 길에 음주단속을 하는 것을 보고 일부러 그 길로
살짝 돌아갔다. 차 안은 '위아더월드'가 되었다.

26
요정들의 **밤**

한국에는 요정이 산다

어느 외국인은 "한국에는 요정이 산다"라고 했다. 술에 취하면 대신 운전해 집까지 데려다주는 요정이 있다는 것이다. 덕분에 술을 얼마나 마셨든지 자신의 안방 침대에서 아침을 맞이할 수 있다. 자동차는 평소와 다름없이 차고에 얌전히 주차되어 있고, 마치 요정이 다녀간 듯하다. 그래서 그들에게 한국의 대리운전 기사는 '요정'이 된다. 외국에는 대리운전 서비스가 없나, 하고 궁금해서 찾아보니 거의 없거나 활성화되어 있지 않았다. 있다고 해도 요금이 아주 높았다. 아마 술을 마신 이후의 문화도 우리와는 많이 다를 것이다.

대리운전은 정말이지 요정이 다녀간 것과 같은 노동이다. 웬만해서는 타인에게 운전석을 허락하지 않는 이들도 처음 대면하는 대리기사에게는 순순히 키를 내준다. 그는 갑자기 어디에선가 기다렸다는 듯 나타나서 자신을 사장님이라 부르고는 집까지 대신 운전해 준다. 그리고 주차까지 마무리하고 곧 사라진다. 그가 다녀갔다는 어떤 흔적도 남지 않는다. 덕분에 만취 상태에서도 차와 함께 집에 무사히 귀가해서는 자신의 침대에 누워 편히 잠에 든다. "술을 마셨지만 음주운전은 하지 않았다"는 농담이 현실이 된다. 마치 산타클로스가 다녀간 듯하다.

　대리기사들뿐 아니라 여기저기에 보이지 않는 요정이 산다. 누군가의 수고를 덜어주는 이들이 우리 주변에는 항상 존재한다. 타인이 버린 쓰레기와 배설물을 치우고, 사고를 대신 처리해 주고, 모두가 꺼리는 그 어떤 번거로운 일을 대신해 준다. 그러니까 이것은 '대리노동'으로 규정할 수 있다. 사실 노동의 본질은 '대리'다. 우리는 스스로 하기 어렵거나 귀찮은 일을 타인에게 대가를 주고 대신하게 한다. 하지만 과정의 수고로움은 잘 드러나지 않고 결과만이 남는다는 점에서 노동 그 자체는 대개 은폐되기 마련이다. 그래서 노동하는 모두는 누군가에게는 요정이다.

기계와 O2O, 그 너머의 사람

사실 정말 어려운 일은 '기계'가 대신해 준다. 기계의 발명과 혁신은 '어떻게 하면 사람의 수고를 덜어줄 수 있을까?' 하는 고민에서 시작되었다. 바퀴와 증기기관 역시 그렇게 탄생했다. 걸어가면 1시간이 걸릴 거리가 자전거로는 15분이면 되고, 자동차로는 5분도 채 걸리지 않는다. 걸어갈 거리에 바퀴와 사람의 수고를 더하면 4배의 속도가 나고, 거기에 기관의 힘을 더하면 다시 4배 이상의 속도가 난다. 결국 사람의 수고로움을 줄이고 효율은 높이는 것, 그래서 궁극적으로 사람을 편하게 하는 것이 기계다.

사람의 노동이 눈에 잘 보이지 않게 되고, 우리가 노동자를 '요정'으로 상상하게 된 것은 기계 때문이다. 우리에게 선사한 편안함과는 별개로 기계는 사람의 노동을 은폐시키고 그 너머에 사람이 있다는 것을 상상하지 못하게 한다. 게다가 우리가 느끼는 편안함만큼 기계의 발전에 맞춰 노동환경이 개선되는 것도 아니다. 특히 기계를 위한 매뉴얼은 있어도 사람을 위한 매뉴얼은 없다. 기계만큼이나 복잡하고 치밀한 법과 제도만이 노동자를 옭아맨다. 합리와 효율이라는 허상은 쉽게 보이고, 그 너머의 사람이 어떠한 처지에 놓이는가는 잘 보이지 않는다.

'O2O 서비스', 온라인과 오프라인을 이어주는 서비스가 인기를 끈다. 카카오를 플랫폼으로 하는 대리운전 역시 그렇다. 단지 프로그램에서 버튼을 서너 번 누르는 것으로 타인의 노동을 구매할 수 있다.

오프라인-오프라인의 시스템에서는 그 연결 과정에서 어떻게든 사람의 목소리나 얼굴과 마주해야 했지만 이제는 그렇지 않다. 자신이 하기 어렵거나 번거로운 일들을 더욱 손쉽게 타인에게 대리시킬 수 있게 되었다. 하지만 O2O라는 새로운 시스템은 이전과는 비교할 수 없는 편안함을 주는 동시에 더욱 그 너머의 사람을 상상하기 힘들게 할 것이다. 그렇게 우리 주변에는 더욱 많은 요정이 양산될 것이고, 우리의 신체도 은밀하게 점점 투명해져 갈 것이다.

요정처럼 투명해지는 사람들

더 이상 콜이 잘 들어오지 않는 시간, 새벽 2시가 넘은 시간이 되면 근처의 24시간 카페나 패스트푸드점을 찾는다. 그런 것이 없는 지역이라고 해도 24시간 해장국이나 분식집 같은 것이 꼭 하나씩은 있다. 거기에서 첫차나 새로운 콜을 기다리고, 무엇보다도 밀려온 허기를 채운다. 그 시간에 누가 있을까 싶지만 요정들이 식사를 하고 있다. 그 밖에서는 또 다른 요정들이 수거차에 쓰레기를 퍼 담는다.

그렇게 거리에는 여기저기에 숨어 있던 요정들이 나타난다. 그들은 막차가 끊긴 시간부터 첫차가 다니기 이전까지만 눈에 보인다. 가로수나 담벼락에 널브러진 쓰레기를 치우고, 사고가 나면 달려와서 다친 사람과 고장 난 차를 실어 나른다. 새벽에만 서울을 몇 번씩 왕복하는 심야버스와 셔틀도 있다. 사람들이 거리로 쏟아져 나오기 전까지 끝내야 하는, 시간 제한이 걸린 작은 공사가 시작되기도 한다. 모두가 잠든 시간에 자신의 노동을 시작하는 이들이 이처럼 존재한다. 그런데 그것은 대개 우리가 '보고 싶지 않은' 노동이다.

도시는 언제나 그 공간이 품은 사람만큼의 폐기물을 만들어낸다. 하지만 누구도 그것을 보고 싶어 하지 않는다. 쓰레기와 배설물은 하루가 지나면 어디론가 모두 흔적 없이 사라지고, 우리는 거기에 익숙하다. 그렇게 보이지 않는 시공간으로 밀려난 노동이 있다. 우리는 쓰레기를 보고 싶어 하지 않는 것처럼, 그것이 사라지는 과정 역시 보고 싶어 하지 않는다. 어느 대학/회사에서는 청소 노동자가 일반 복도를 걸어 다니지 못한다. 그들을 위한 쉼터도 마련되지 않아서 화장실 청소도구실에 숨어서 밥을 먹는다. 살펴보면, 우리 주변에는 언제나 우리를 위한 요정이 있다. 그들을 노동자가 아닌 요정으로 만드는 것은, 그들의 신체를 지워버리는 것은 결국 우리다.

대리운전을 하기 이전에는 새벽에 도시의 거리를 돌아다녀 본 일이 거의 없다. 가끔 늦게까지 술을 마셨을 때도 그저 집에 들어가기 바빴다. 밤의 거리는 언제나 텅 비어 있었다. 하지만 핸드폰을 들고 밤거리를 누비는 요정이 되고 나니 숨어 있던 거리의 요정들이 눈에 들어온다. 그들은 놀랄 만큼 많고, 또 다양하다. 모두가 잠든 시간에 나타났다가, 사람들이 거리로 쏟아져 나오기 시작하면 흔적도 없이 사라진다.

그러나 그들은 요정이 아닌 '노동자'다. 그리고 기계가 아닌 '사람'

이다. 가려진 노동, 숨은 노동자, 그렇게 밀어냄에 따라 밀려난 그림자와 같은 이들이 언제나 주변에 있다. 우리는 그들을 요정이나 기계가 아닌 사람으로 호출해야 한다. 기계 너머의 타인을 상상하기란 점점 어려운 일이 되어가지만, 결국 그들을 주체로서 고양시키는 일은 역시 사람의 몫이다.

어느덧 우리의 신체는 서로를 알아볼 수 없을 만큼 투명해졌다. 모두가 대리인간이 되어간다. 은폐된 노동을 기억하고 상상하는 일은, 결국 점점 지워져 가는 우리의 신체를 되찾는 일이다.

나는 노동하는 한 인간으로서 밤을 걷는다. 이 거리에, 노동자가 있다.

노동의 배신과 나의 르포르타주   2016. 9. 22.

르포르타주를 쓴다는 건 어떤 일이 될까. 《대리사회》를 쓰는 데 참조하시라며 모 출판사의 편집자께서 《노동의 배신》이라는 책을 선물로 보내왔다. '바버라 에런라이크의 워킹 푸어 생존기'라는 부제가 달렸다. 어느 분께서 "대리사회를 읽으며 에런라이크가 떠올랐다"라고 하신 게 기억이 난다. 그때는 그게 누구지, 생각했는데 이렇게 읽을 기회가 생겼다. (누가 밥상을 차려서 억지로 밀어 넣어주어야 뭘 먹게 된다. 원래는 '대리사회'와 닮은 글이 있다고 했을 때 내가 찾아서 읽었어야 했다.)

에런라이크는 "비숙련 노동자들이 받는 임금만으로 실제 생활이 가능할까?" 하는 질문에 답하기 위해 자신이 그 현장으로 뛰어들었고 글을 써나갔다. 그러면서 "저임금 노동자들이 생활하고 거의 평생 살아가는 그 세계를 나는 잠시 방문했을 뿐"이라는 것을 명확히 한다.

글쎄, 나는 에런라이크의 중간 어디쯤 위치해 있는 듯하다. 확실한 건, '방문'이라는 단어는 나에게 어울리지 않는다. 그는 다시 자신의 자리로 돌아갔지만 나는 그렇지 않다. 지식과 노동을 계속 양손에 들고 교차 방문하는 삶을 살아야 할지도 모른다. 그런데 그건 의외로 대단히 멋진 삶이 될 것이라고, 나는 믿는다. '대리사회'는 노동과 지식을 양손에 들고 살아가려는 내 삶의 시도이고, 시작이다. 그 문은 아마도 '나는지방대시간강사다'라는 글이 열어주었다. 지금은 계속 고민하면서, 우선은 충실히 나의 르포르타주를 써나가고 싶다.

노동하는 주체로서의 자존감   2016. 10. 29.

서울시 이동노동자쉼터에서 마련한 '김민섭과 함께하는 인문학 산책'이라
는 몹시 부담스러운 가을 야유회에 다녀왔다. 새벽 5시에 신논현역에서
출발해서 설악산과 속초항을 둘러보는 일정이었다. 나는 그 중간에 인문
학 강연을 짧게 하기로 했다.

새벽까지 운전을 하고 온 기사들이 많았다. 정장을 입은 법인 기사들은 그
복장 그대로 설악산에 올랐다. 어느 폭포 앞에서 '서울시 이동노동자쉼터'
라는 현수막을 들고서 함께 사진을 찍었다. 그런데 그때 누군가가 "서울시
쉼터라고 하니까 우리가 무슨 노숙자 같잖아. 우리 이름 좀 바꿔요!" 하고
외쳤다. 같이 있는 동안 느꼈는데 '노동하는 주체'로서의 자존감은 그들이
가진 최후의 보루와도 같았다. 노숙과 노동을 누구보다도 명확히 구분 짓
는 모습이 오래 기억에 남을 것이다.

강연 시간에는 타인의 운전석에서 신체(행동), 언어(말), 사유(생각)가 통
제되는 것에 대해 나의 경험을 들어 이야기했는데, 의외로 모두가 너무나
공감을 해주었다. 20년 경력의 베테랑 기사들이 인증해 주었으니 '대리사
회'라는 글쓰기에도 더욱 자신감이 붙는다.

내 자리에서 스스로 한 발 물러서기

나는 아주 오랜 시간 동안 '중간'의 어느 지점에 있었다. 어느 조직에나 관리자도 아니고 그렇다고 현장 노동자도 아닌, 중간자가 존재한다. 그것은 중심부와 주변부의 경계에 있다는 의미이기도 하다. 나는 대학에서 '중간자'이자 '경계인'이었다. 대학원생 조교로 학과사무실과 연구소에 있으면서, 시간강사로 강단에 서면서, 계속해서 경계를 넘나들었다.

중심부나 주변부에서는 보이지 않는, 그 경계에 있는 이들에게만 보이는 무언가가 있다. 그것은 '균열'이다. 조직의 시스템이 가진 어느

균열이 희미하게나마 눈에 들어온다. 그래서 조금 더 중심부에 다가
서게 되면 그것을 곧 바로잡겠다고 마음먹는다. 하지만 역설적으로,
경계에서 멀어질수록 그 균열은 점차 보이지 않게 된다. 그리고 마침
내 경계를 완전히 벗어나고 나면 그 시스템이 완벽하다고 믿게 되는
것이다. 나는 그러한 이들을 많이 보아왔다. 함께 '우리'의 삶에 대해
이야기하던 이들이, 어느새 '그들'의 삶에 대해 이야기하기 시작한다.
그저 경계에서 한 발 나아간 것뿐인데 마치 자신이 비판하던 시스템
의 대리인이 된 것처럼 사유하고 말한다.

경계에 한참 머무르던 어느 날, "여기에서 나는 무엇인가?" 하고 스
스로에게 물었다. 그 질문은 자기 자신을 명확히 규정할 수 없었던 어
느 한 인간에게 찾아온 필연이었고, 아마도 실존에 대한 욕망이었다.
그동안 희미한 균열을 목도하면서도 나는 내가 속한 공간/대학이 가
진 합리성을 의심하지 않았다. 나에게 경계에서 한 발 더 물러서게 해
준 것은 다른 공간에서의 노동이었다. 강의와 연구, 맥도날드 아르바
이트를 병행하면서, 비로소 균열의 틈 사이에 비친 괴물과 마주할 수
있었다. 그리고 나는 곧 스스로를 '유령'으로, 대학에서의 시간을 '유
령의 시간'으로 규정하게 된다.

나는 경계에서 한 걸음 스스로 물러난 특별한 인간이 아니다. 다만,
밀려났을 뿐이다. 내가 어떤 부조리에 맞서고 올바른 길을 선택했다
고 믿는 사람들이 생겨났지만《나는 지방대 시간강사다》라는 글은 사
실 아무것도 아니다. 그것은 단순한 기록이면서, 대한민국의 모든 대

학원이 가지고 있는 시스템에 대한 이야기다. 그런데 놀랍게도 그동안 그 누구도 그런 일을 하지 않았던 것이다. 나는 밀려나고서야, 희미하게나마 보이던 그 균열을 들여다보았다. 스스로 물러났다면 지금 나의 삶은 조금 더 달라지지 않았을까 싶다. 사실 그동안 나아가는 법만 배워왔지 물러서야 한다고는 그 누구도 일러주지 않았다. 그것은 어느 공간에서의 패배를 고백하는 것이고 경쟁에서 도태된다는 의미와도 같다. 무엇보다도 '우리'에서 이탈해 고립되기를 선언하는 것이기도 하다. 그래서 나는 경계에서 밀려나지 않기 위해 안간힘을 써왔다. 그런 평범한 개인이었다.

대학은 전근대적이며 동시에 신자유적인 뒤틀린 시스템을 구축했고, 그 구성원들을 끊임없이 유령으로 만들어왔다. 그런데 그것이 다만 개인이나, 혹은 대학만의 문제는 아닐 것이다. 나는 누구의 욕망을 대리하면서 강의실과 연구실에 존재했을까, 주체라는 환상은 어디에서부터 왔을까, 그런 확장된 질문에 답하고 싶어졌다. 나는 대리운전이라는 노동을 통해서 그 공간에서 보낸 시간을 '대리의 시간'으로 다시 규정할 수 있었다. 대학의 강의실도, 연구실도, 또 다른 타인의 운전석이었다. 반쪽짜리 주체로서 나는 그 공간에 존재했고, 경계인에게 허락된 만큼의 사유와 발화만을 해왔다. 그러나 대학 바깥으로 나오고서도 훈련하지는 않았다. 타인의 운전석에서 내리면서도, 나는 온전한 나의 신체를 되찾지 못했다.

대리운전이라는 노동과 타인의 운전석이라는 공간을 통해, '대리'

라는 단어가 끊임없이 나를/우리를 포위해 왔음을 알았다. 나는 대학뿐 아니라 여러 공간에서 제대로 된 '주체'로서 존재하지 못했다. 공간도, 시간도, 그 무엇도, 온전한 나의 것이 아니었다. 언제 장착되었는지 알 수 없는 내비게이션은 나의 삶을 은밀하게 통제해 왔고 나는 그 경로에서 벗어나지 않기 위해 스스로를 검열해 왔다. 그러면서도 삶의 주인이라는 환상에 취해, 나는 살아왔다.

우리는 모두가 한 사람의 대리운전 기사다. 자신이 그 차의 주인인 것처럼 도로를 질주한다. 하지만 조수석에는 이미 누군가가 자리를 잡고 앉아 있다. 시동을 걸기 이전부터 거기에는 사람이 있었지만, 그것을 인식하기란 쉽지 않다. 그들의 욕망은 내비게이션을 통해 끊임없이 전달되고 개인의 의지는 통제되고 검열된다. 차를 멈추고 운전석에서 잠시 내려, 그렇게 한 발 물러서서 바라보면 어느 균열의 지점이 보일 것이다. 하지만 우리는 액셀을 더 강하게 밟는 데만 힘을 쏟는다. 단속 카메라가 보이면 브레이크를 밟고, 경로를 이탈했다는 경고음에 다시 도로로 올라오면서도, 자신이 주체라는 환상에 빠져 계속 운전대를 잡는다. 그렇게 대리사회의 욕망을 대리하는 '대리인간'이 된다.

대리사회의 괴물은 대리인간에게 물러서지 않는 주체가 되기를 강요한다. '주인 의식'을 가지라고 끊임없이 주문하는 가운데, 정작 한 발 물러서서 자신을 주체로 재정비할 수 있는 시간을 봉쇄한다. 결국 개인은 주체로서 물러서는 법을 잊는다. 내가 그랬듯 밀려나고서야 자신이 어느 공간의 대리로서 살아왔음을 비로소 알게 되는 것이다. 하지만 그때는 너무 늦다. 밀려난 개인은 잉여나 패배자로 규정되고, 그 자리에는 새로운 대리인간이 들어선다. 이러한 이데올로기, 말하자면 우리 사회를 포위한 '대리올로기'의 서사에서 그 누구도 자유로울 수 없다.

그 누구도 가르쳐준 바 없지만, 결국 우리는 한 걸음 뒤로 물러서야 한다. 밀려나기는 쉽지만 스스로 물러서기는 어렵다. 그것은 공간의 주체만이 할 수 있는 행위이고 절대로 패배가 아니다. 그러고 나면 시스템의 균열이 보다 선명하게 보인다. 그 균열의 확장을 통해, 그동안 자신의 욕망을 대리시켜 온 대리사회의 괴물과 마주할 수 있다. 그때부터는 '사유하는 주체'가 된다. 여전히 행동과 언어는 통제될지라도, 정의로움을 판단하고 타인을 주체로서 일으키는 힘을 가지게 되는 것이다. 무엇보다도 자신에게 강요되는 천박한 욕망을 거부할 용기를 얻는다.

우리 모두는 경계에 있다. 다만, 한 걸음만 물러설 용기를 가지면 된다. 대리인간으로 밀려날 것인지, 스스로 물러서고 다시 나아오는 주체가 될 것인지, 우리는 선택해야 한다.

다시 거리로 나아간다

이 글은 책상보다는 거리에서 주로 썼다. 마감을 며칠 앞두고는 잠시 대리운전을 하지 않겠다고 선언하기도 했지만, 나는 곧 다시 거리로 나갔다. 책상에 앉아서 쓰는 한 편의 글보다 거리에서 문득 떠오른 한 줄의 문장이 더욱 가치가 있었다. 《대리사회》는 그렇게 하루의 밤과 한 줄의 문장을 조금씩 쌓아가며 썼다. 특히 각각 다른 타인의 운전석에서 수백 번을 내리면서 맞이한 해방과 구속은 그때마다 달랐다. 그때의 감각을/감정을 잃고 싶지 않아서 핸드폰을 꺼내 이것저것 메모하고서는, 다시 새로운 콜을 받기 위해 번화가로 걸어갔다.

대학에서 나오며 나는 "새롭게 맞이할 거리의 강의실과 연구실에서 계속 '지방시'의 이야기를 써나가겠다"고 말했다. 그리고 《대리사회》를 쓰면서 세상이 그 자체로 거대한 강의실과 연구실임을 알았다. 대학은 세상의 전부가 아닌 조금 특별한 일부일 뿐이다. 나는 대학 바깥에서 얼마든지 '학'이 가능하다는 것을, 대학에서 나온 몇 개월 동안 몸의 언어로 배웠다.

그래서 나는 계속 거리의 언어를 몸에 새겨나가려고 한다. 이 책은 내가 써나갈 글의 서론과도 같다. 제도권과 거리의 경계에서, 언제까지고 경계인으로만 존재하며 그 균열을 탐색하고 싶다. 그 세상의 틈을 통해, 계속 괴물과 마주할 것이다.

다시 거리로 나아간다.

이 책을 후원해 주신 분들

어벤져스김백상 엄성수 여정훈 오석태 오세인 오영진 오용택 오은정 오혁준

오효석 유영빈 유하나 유하늘 유혜정 윤경혜 윤아람 윤정안 윤정인 윤정호

윤지영 윤진식 이경묵 이계준 이나경 이대원 이도형 이돈영 이동륜 이미란

이범석 이세연 이소애 이소영 이소은 이수나 이승용 이승원 이신해 이아리

이영아 이영재 이옥희 이우녕 이우섭 이우창 이운주 이은희 이인해 이장원

이정연 이정하 이주희 이지영 이지혜 이진섭 이태경 이태영 이태희 이택준

이한재 이혁수 이현애 이혜진 이환희 이효정 이희준 임광순 임민택 임상훈

임소현 임승백 임완빈 임인화 임지영 장강현 장기영 장동석 장문석 장영환

장옥진 장용준 장윤정 장재혁 장주현 장중철 장진철 장충성 장현숙 전교석

전민주 전예지 전정숙 정기인 정다운뮤직랩 정상인 정새롬 정선령 정성헌

정신혁 정윤후 정은경 정은지 정정민 정종희 정주만 정주원 정준 정지은

정한별 정혜승 정효윤 정희진 제스 조경숙 조석영 조윤정 조은경 조은희

조철제 조홍근 조희찬 주윤아 진현경 차현호 채유리 최광재 최나래 최다돌

최명환 최묘경 최병준 최승은 최영권 최영은 최윤정 최은정 최은혜 최이문

최진석 최혜경 핑크 하경민 하나의 책 하무수 하승주 하아런 한광희 한선도

한수종 한승재 한영애 허범욱 허성애 홍덕구 홍성준 홍성채 홍세희 홍슬기

홍우진 홍혜빈 황동주 황상현 황선영 황은선 황정수 황찬우 황철민 황희석

대리사회

초판 1쇄 발행 2016년 11월 28일 | 초판 11쇄 발행 2023년 11월 23일

지은이 김민섭

펴낸이 신광수
CS본부장 강윤구 | 출판개발실장 위귀영 | 디자인실장 손현지
단행본팀 김혜연, 조문채, 정혜리, 권병규
출판디자인팀 최진아, 당승근 | 저작권 김마이, 이아람
출판사업팀 이용복, 민현기, 우광일, 김선영, 신지애, 허성배, 이강원, 정유, 설유상, 정슬기, 정재욱,
　　　　　박세화, 김종민, 전지현
영업관리파트 홍주희, 이은비, 정은정
CS지원팀 강승훈, 봉대중, 이주연, 이형배, 전효정, 이우성, 신재윤, 장현우, 정보길

펴낸곳 (주)미래엔 | 등록 1950년 11월 1일(제16-67호)
주소 137-905 서울특별시 서초구 신반포로 321
미래엔 고객센터 1800-8890
팩스 (02)541-8249 | 이메일 bookfolio@mirae-n.com
홈페이지 www.mirae-n.com

ISBN 978-89-378-5526-9 03300

「이 도서의 국립중앙도서관 출판시도서목록(CIP)은 서지정보유통지원시스템 홈페이지(http://seoji.nl.go.kr)와
국가자료공동목록시스템(http://www.nl.go.kr/kolisnet)에서 이용하실 수 있습니다.
(CIP제어번호: CIP2016026174)」